存真書齋仙道經典文庫〔修訂版〕

主編　蒲團子　副主編　三一子
張莉瓊

女子道學小叢書

修訂版

陳攖寧　校訂
蒲團子　校輯
張莉瓊　參校

心一堂

書　　名：**女子道學小叢書(修訂版)**
系　　列：存真書齋仙道經典文庫(修訂版)
作　　者：陳攖寧
編　　者：蒲團子　張莉瓊
責任編輯：陳劍聰
出　　版：心一堂有限公司
通訊地址：中國香港九龍旺角彌敦道610號荷李活商業中心
十八樓05-06室
深港讀者服務中心：深圳市羅湖區立新路六號羅湖商業大廈
負一層008室
電話號碼：(852)90277110
網　　址：publish. sunyata. cc
電　　郵：sunyatabook@gmail. com
網　　店：http://book. sunyata. cc
淘寶店地址：https://shop210782774. taobao. com
微店地址：https://weidian. com/s/1212826297
臉　　書：https://www. facebook. com/sunyatabook
讀者論壇：http://bbs. sunyata. cc
版　　次：二〇二一年十月初版
平裝
定　　價：港　幣　一百八十元正
人民幣　一百五十元正
新臺幣　七百九十八元正
國際書號：ISBN 978-988-8583-95-9

中國香港發行：中國香港聯合書刊物流有限公司
地　　址：中國香港新界大埔汀麗路三十六號
中華商務印刷大廈三樓
電話號碼：(852)2150-2100
傳真號碼：(852)2407-3062
電　　郵：info@suplogistics. com. hk

臺灣發行：秀威資訊科技股份有限公司
地　　址：臺灣臺北市內湖區瑞光路七十六巷
六十五號一樓
電話號碼：+886-2-2796-3638
傳真號碼：+886-2-2796-1377
網絡書店：www. bodbooks. com. tw
臺灣秀威書店讀者服務中心
地　　址：臺灣臺北市中山區松江路二〇九號一樓
電話號碼：+886-2-2518-0207
傳真號碼：+886-2-2518-0778
網絡書店：www. govbooks. com. tw

中國大陸發行
零　　售：深圳心一堂文化傳播有限公司
地　　址：深圳羅湖區立新路六號
羅湖商業大廈負一層008室
電話號碼：(86)0755-82224934

善的十條真義

學理重研究不重崇拜
功夫尚實踐不尚空談
思想要積極不要消極
精神圖自立不圖依賴
能力宜團結不宜分散
事業貴創造不貴模仿
幸福講生前不講死後
信仰憑實驗不憑經典
住世是長存不是速朽
出世在超脫不在皈依

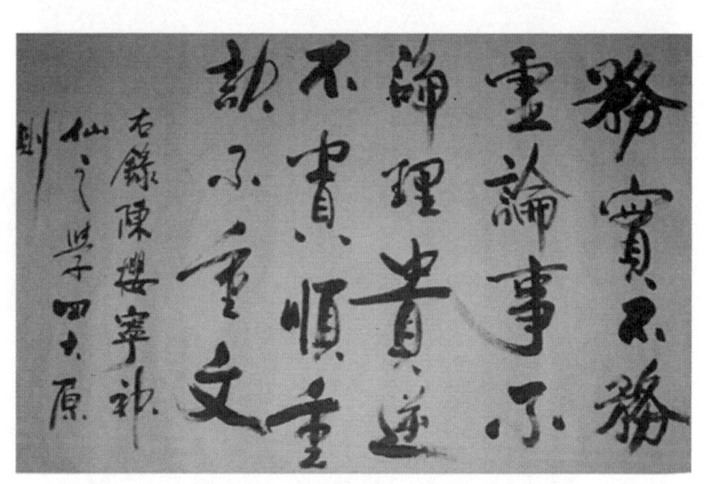

神仙學術四大原則

務實不務虛

論事不論理

貴逆不貴順

重訣不重文

道學小叢書
三乘秘密口訣
金火丹訣
第五種
旁門小術錄
第四種
五息直指
天隱子
第一種
上海翼化堂善書局出版

道學小叢書書影

女子道學小叢書
女丹詩集
男女丹工異同辯
第四種
女丹十則
第三種
女功正法
第二種
坤寧經
第一種
上海翼化堂善書局出版

女子道學小叢書書影

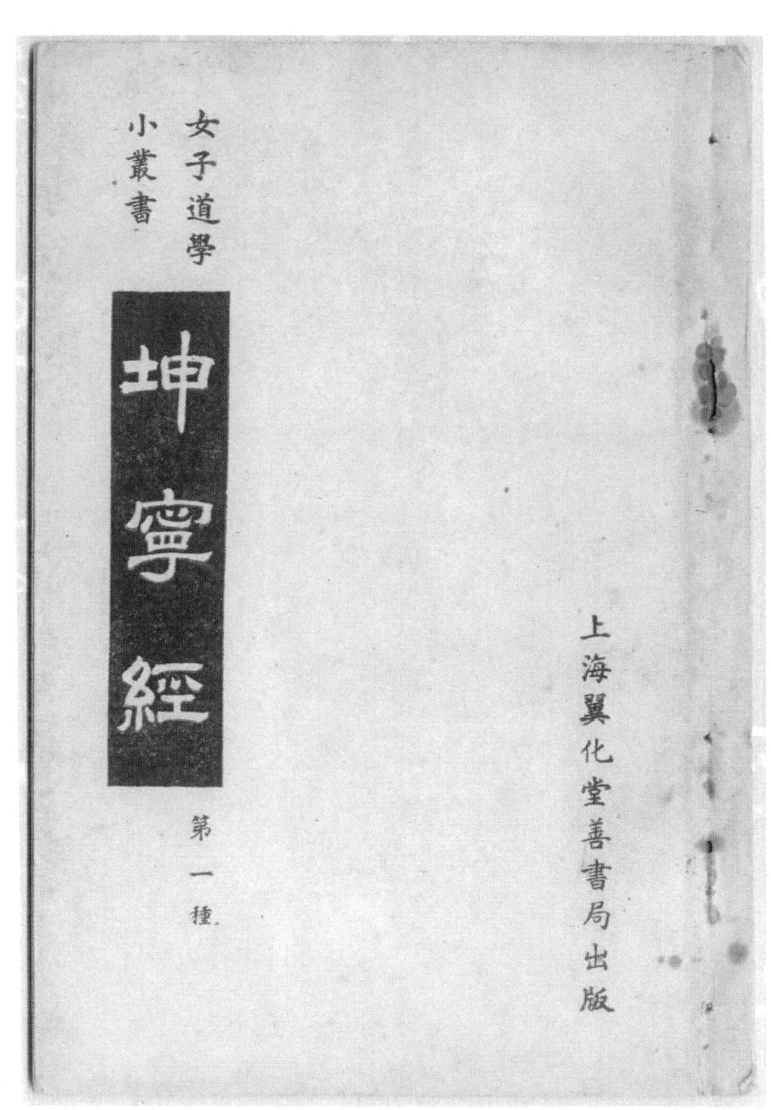
女子道學
小叢書
坤寧經
第一種
上海翼化堂善書局出版

坤寧妙經書影

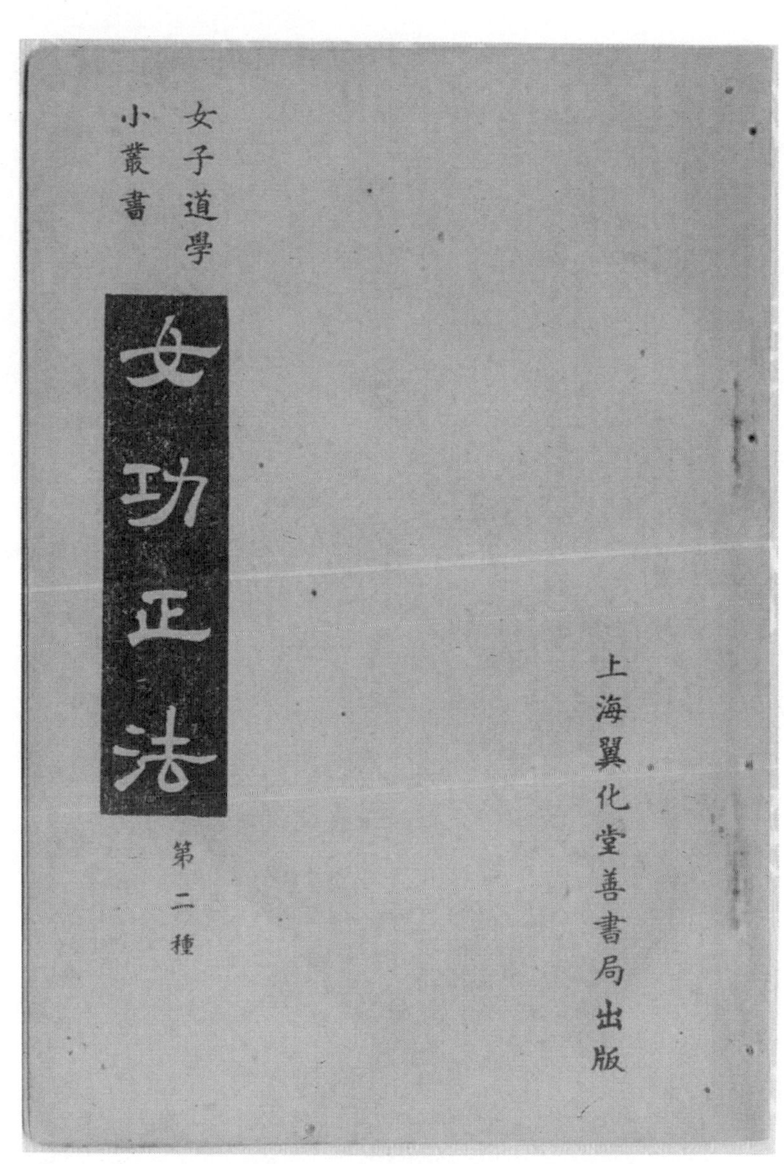

女功正法書影

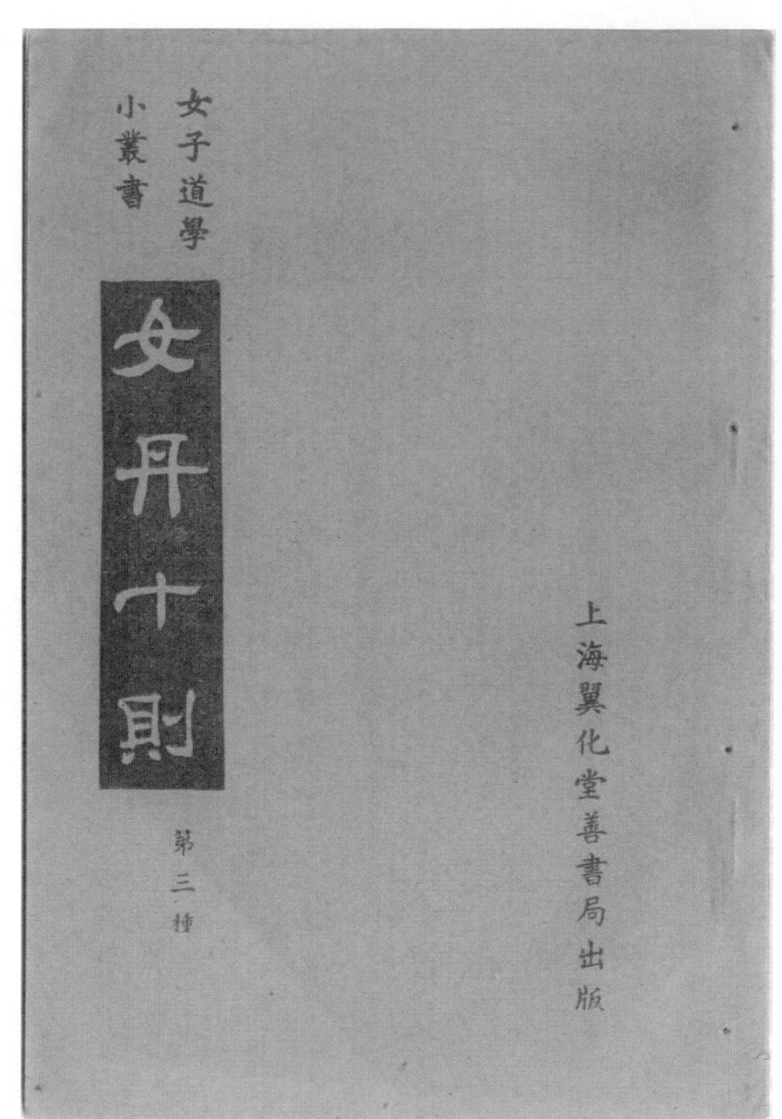

女丹十則書影

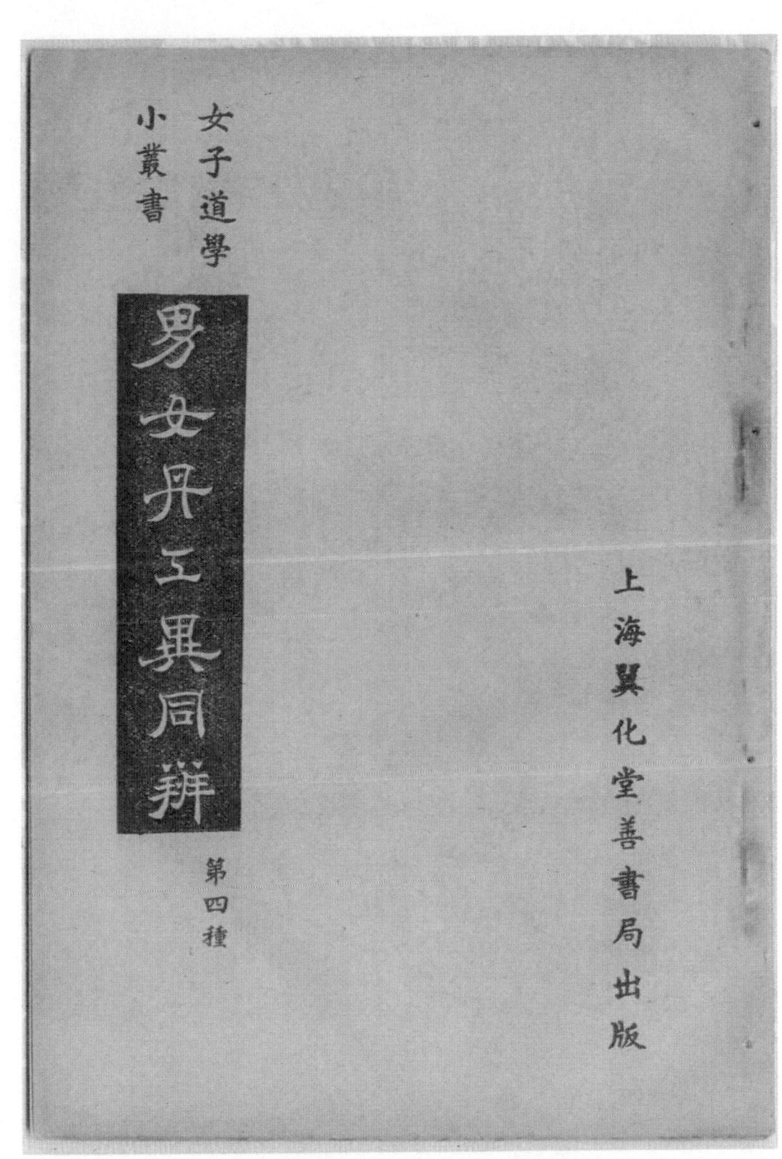

女子道學小叢書
男女丹工異同辨
第四種
上海翼化堂善書局出版

男女丹工異同辨書影

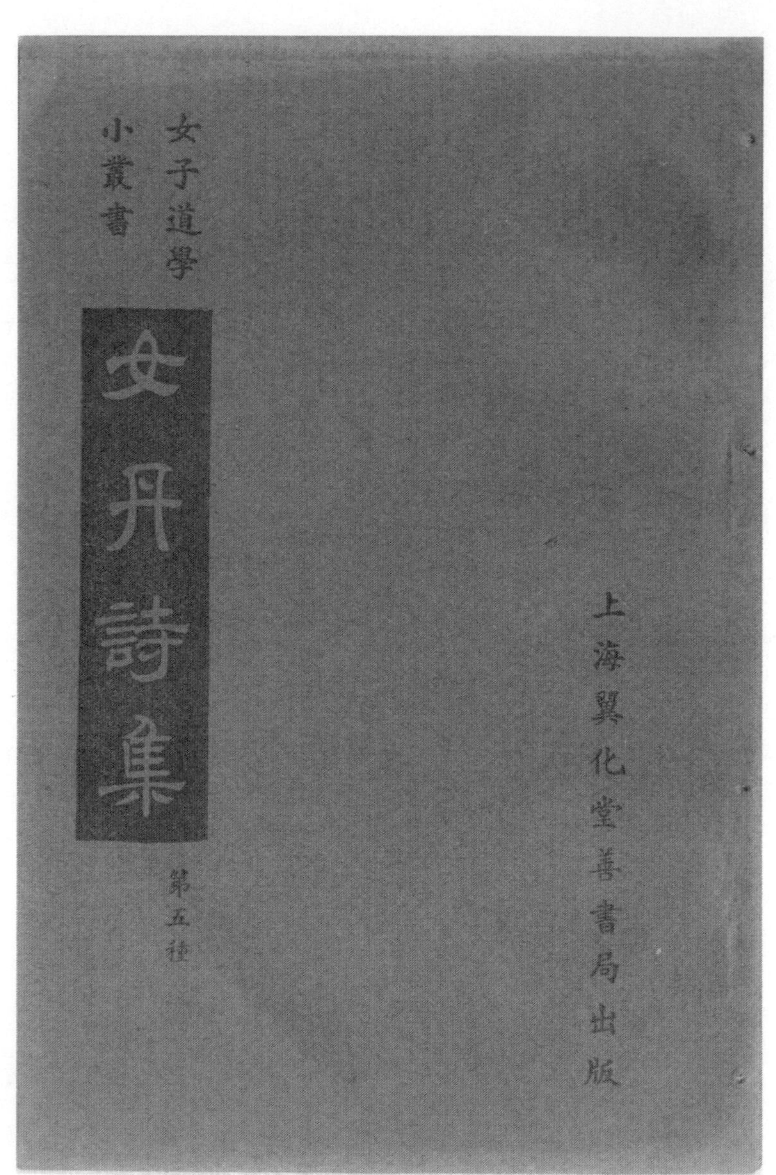
女子道學小叢書
女丹詩集
第五種
上海翼化堂善書局出版

女丹詩集書影

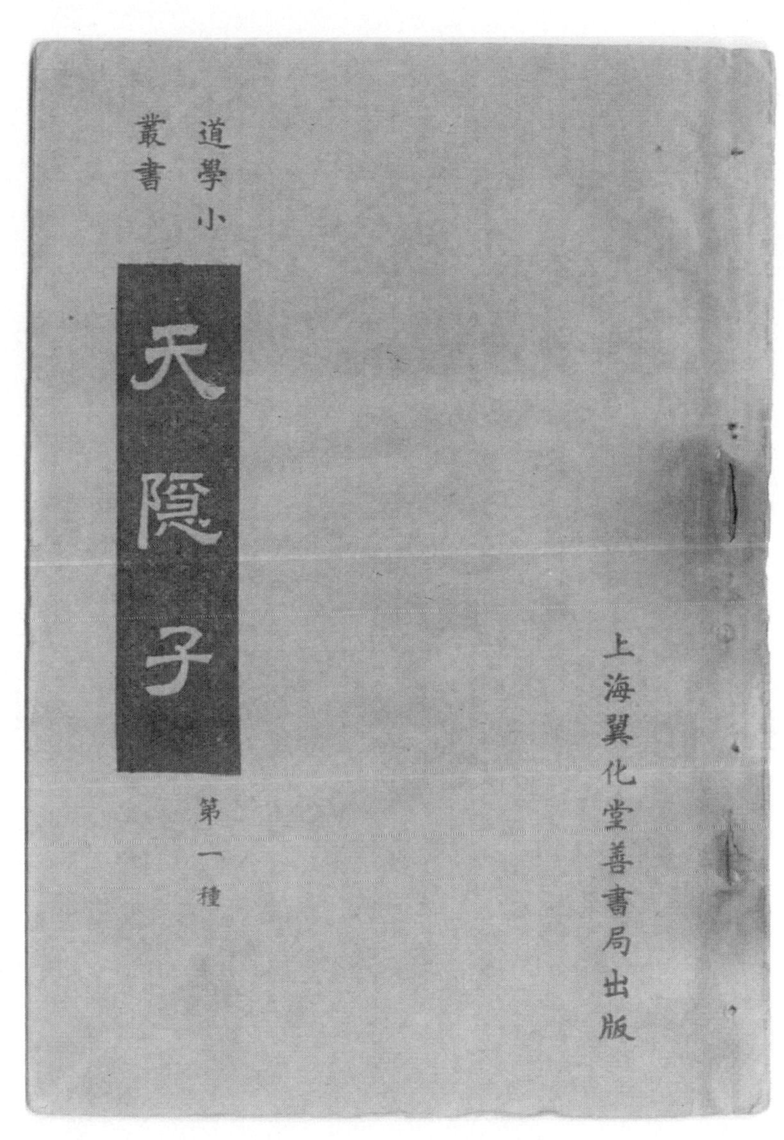

天隱子書影

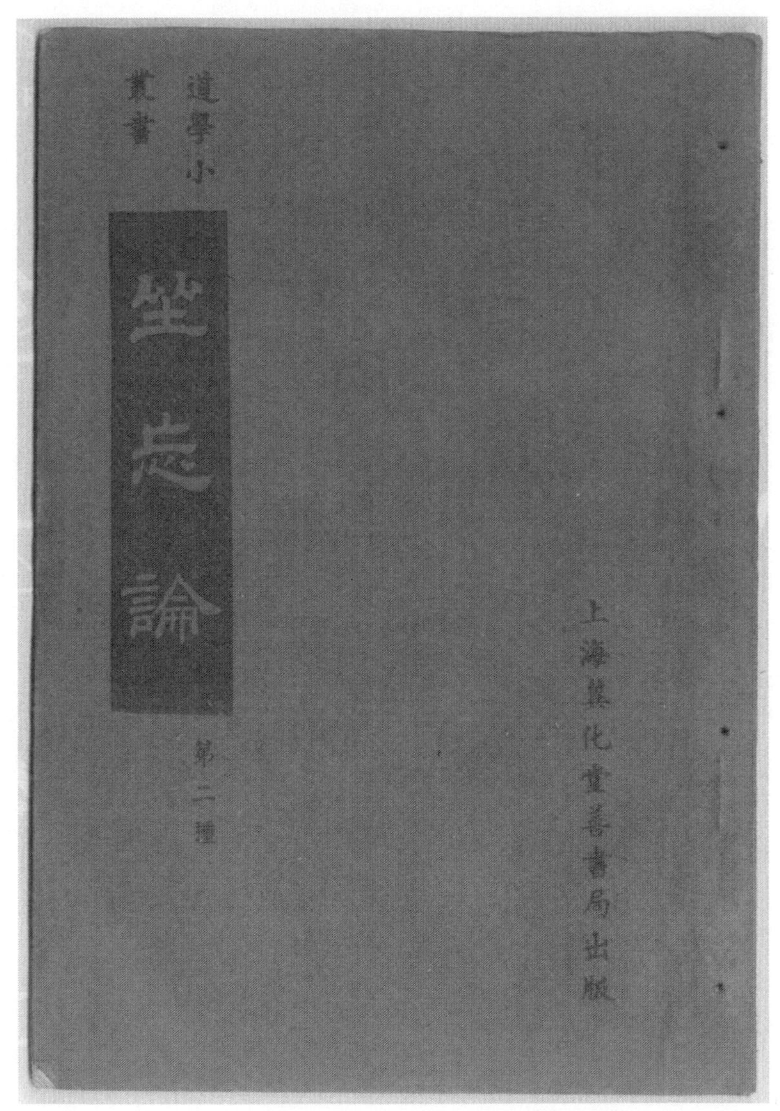

道學小叢書
坐忘論
第二種
上海翼化堂善書局出版

坐忘論書影

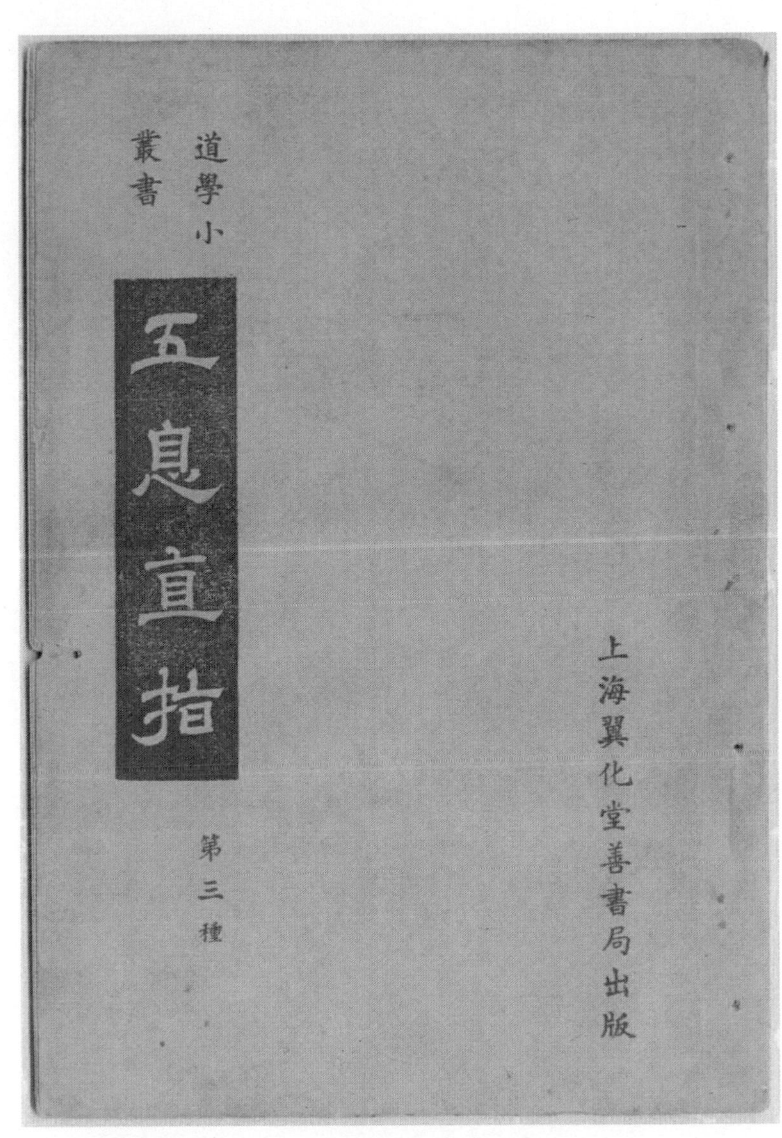

五息直指書影

旁門小術錄書影

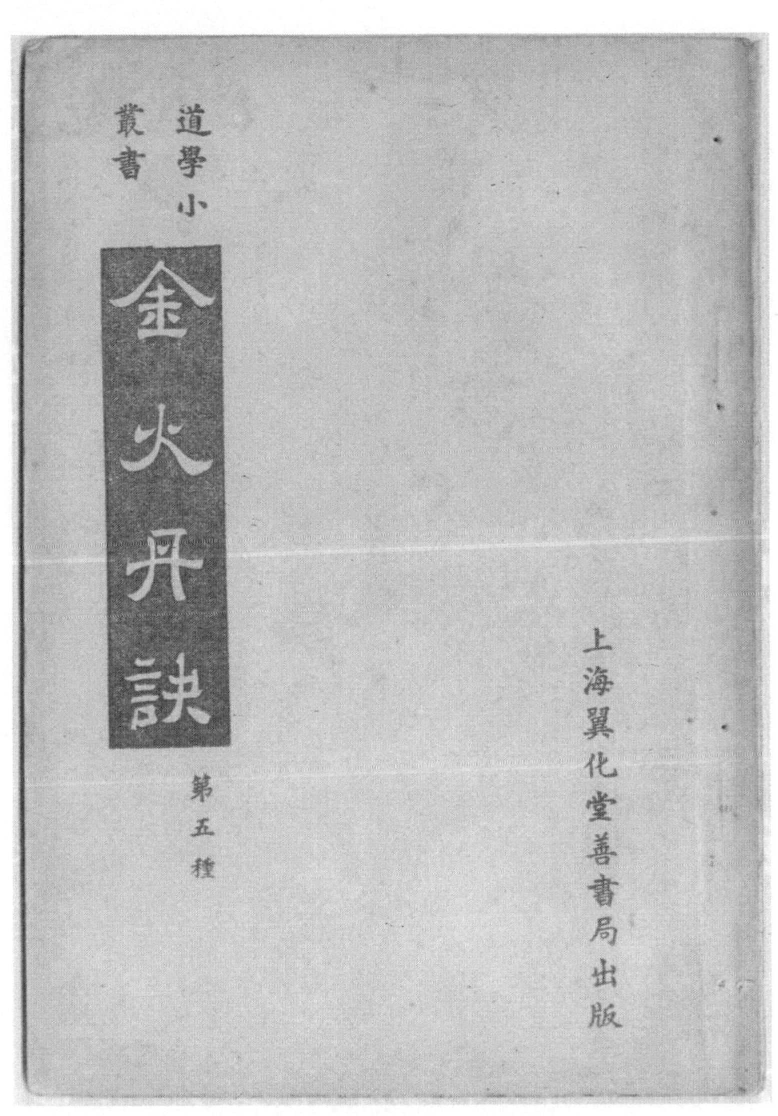

道學小叢書
金火丹訣
第五種
上海翼化堂善書局出版

金火丹訣書影

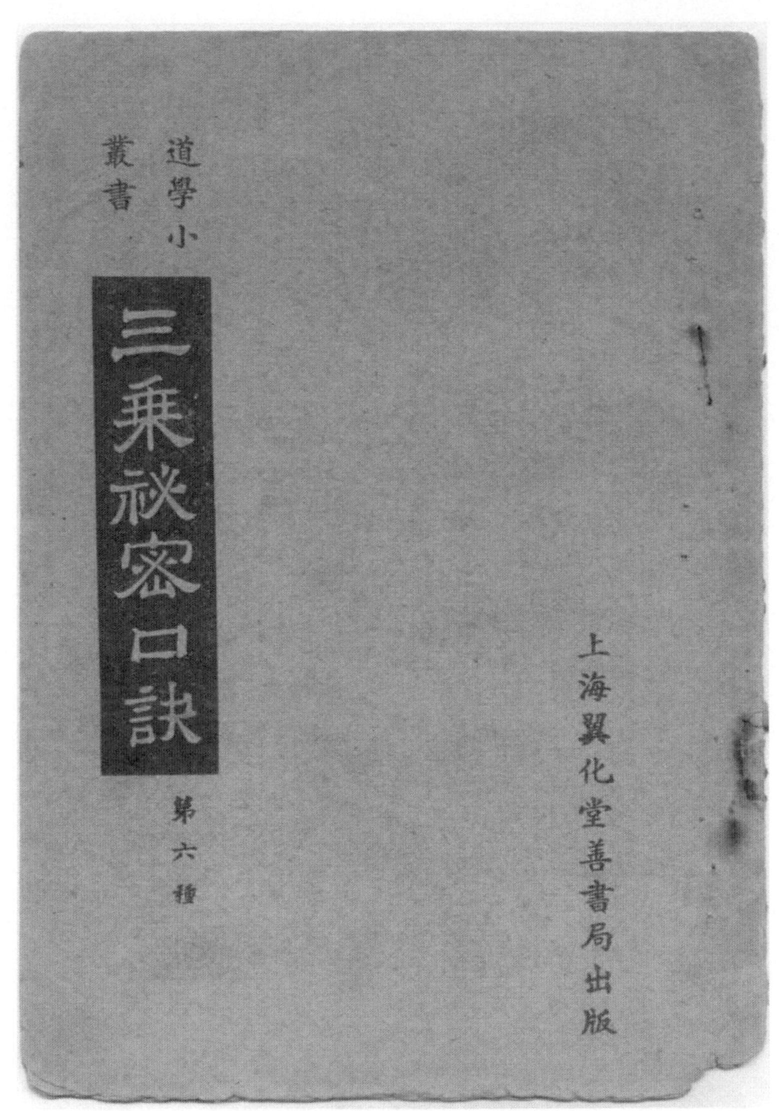

道學小叢書
三乘祕密口訣
第六種
上海翼化堂善書局出版

三乘秘密口訣書影一

。同胞五人，季廣最穉且羸，而聰穎純正，不類羣兒。成童後，受業雙流劉仲韜之門，習性命修養之學，始得免於夭札。兼從劉宥齋治經史諸子及詩古文詞。宥齋，仲韜之弟，以文史之學鳴於時，入室弟子，首推季廣。是故弱冠之年，即助教於宥齋所辦之尚友書塾，於其同門，多所裁成。三十後始入劉甫澄軍幕，旋以不偶於俗，北遊平津，主梁漱溟，得見者元老人，而從此為佛教徒矣。返川後，居崇慶縣茹素念佛三年。又以父母兩喪，窀穸未安，暇則偕世誼陳師明遍訪吉壤，卒賴師明資助，得以遷葬父母墓於崇。因與信佛士女創辦崇慶縣佛經流通處。季廣首捐洋五百元以為衆倡，並遍函各省緇素同仁，徵購佛典。又於崇慶城內小白華山籌設放生祠。在蓉約集劉南波，陳梓偃等居士創辦成都崇義橋，新繁興隆堰，金堂淮州各地放生池，並創組崇義橋佛書閱覽處。此宏法利生之見於行事者。其淨土禦進及護生語兩書，要言不繁，有益世道。臨終前一月，校勘古本傷寒雜病論告竣，醫界均謂可以昭千古醫學之沉霾。刊布流通，其兄寂菴任之。嗚呼，是亦可以傳矣。遺孤永棠永讓。妻姜詠莪，雖為產，節勵冰霜，能以季廣之志為志云。

覆某先生書

陳撄寧

（前略）承教謂三界火宅，宜取涅槃，自是正論。惟涅槃境界須得善惡都莫思量，陳義太高，初機難入，故捨了義而取不了義。若就利生一方面說，證涅槃後，於有情世間不無咫尺天涯之隔，似與鄙願相違，故捨無為而取有為法。昔者五祖衣法傳盧能不傳神秀，黃蘗談禪揚歸宗而抑牛頭，後人遂謂『本來無一物』勝過『時時勤拂拭』，向上關捩子，牛頭猶未知。愚則不作此解，只認為彼此因緣不同，實無優劣之可言也。莊子見道處自謂超過老子，然實際上老子利人處多，莊子利人處少，世間可以無莊子，而不可以無老子。老子玄言，又非孔子所能及，然老子為教則不若孔教之廣大。莊子可比祖師禪，老子可比如來禪，孔子則似淨土宗也。

或問既然如此，何不專弘淨土，橫出三界，自利利他。須知弟平日是現外道身者，究與清一色之佛教徒有別，若改弦易轍，人將謂我無條件投降，四禪天本是佛教與外道共住之境，故不妨趣向耳。密教謂摩醯首羅天王乃大日如來之勝報，顯教謂色界天王皆十地菩薩之化身，而彌勒且住欲界天等候下生，往年淨土法門尚未普及時，佛教徒常有求生兜率天者，白居易詩云：『海山不是吾歸處，歸即應歸兜率天』，自初學仙，無所得，轉而學佛，故如是云爾，欲界既可去，色界更無妨矣。

今日全國佛教徒百分之九十以坐西為歸宿，最怕說界天，其用意蓋避免貪求樂欲之嫌。弟不知西方極樂與天界之樂有何差別。若謂淨土無男女之欲，然色界又何嘗有此一事。若謂生西則壽命無量，三災所不能到，生天則福報有盡，仍不免墮落，況火災能壞初禪，水災能壞二禪，風災能壞三禪，若生淨土，則無諸患，此義弟未嘗不知，知而故犯，必另有說，暫不具論。

再者，今人所謂出三界者，皆指往生西方淨土一法而言，尊意所謂出三界者，當是指一法不立之禪宗而言。然永明壽禪師則於此二者顯分優劣，其言『有禪無淨土，十人九蹉路，陰境若現前，瞥爾隨他去，無禪有淨土，萬修萬人去，但得見彌陀，何愁不開悟』。永明於向上一着，不能說他無見地，乃輕視本宗而讚美他宗若此，亦深可思也。（永明本是法眼宗再傳法嗣，而淨宗則奉為第六祖）。後世淨宗所以盛，禪宗所以衰，大半受了這八句話的影響。弟十年前欲為禪宗爭一口氣，對於永明之說，曾有不滿之表示，今已省前非矣。

三界固是識所變現，西方極樂又何嘗不是識所變現，同一唯識，自無所用其欣厭之情，祇以外道立場，故寧捨淨土而趨色界耳。密教中金胎兩部各種曼荼羅作用，亦不離乎識，即華嚴天台各種觀想法門，仍是識的作用，甚至於禪家機鋒語錄，也是從識中流出。人若無識，即不能開口說話，何況要辨別學人之是非。禪宗諸師只許官家放火，不許百姓點燈，雖可接引一二利根，此風已成過去，諸師若生今日，亦無所施其伎矣。

尊函謂淮南子『形神俱沒』之說，近於涅槃，然則賤名撄寧二字，亦可謂莊子之涅槃。當年取此名字，原認為自己究竟歸宿處，但此是未來劫中事，目下尚不欲疾趣寂滅。佛教小乘阿那含果都是先趣色界，後入涅槃，其差別事相有九種之多（見俱舍論中）。吾國佛教推崇大乘，而輕視小乘，遂弄得有理可講無果可證。而禪宗竟至聖諦亦不為，成佛皆妄想，其流弊更甚。物極則反，於是乎淨土宗遂取而代之，信乎時節因緣，非偶然也。（後略）

附錄某先生原函

（前略）三界無安，猶如火宅，實為誠諦之言。來教以色界為趣，弟頗未喻其指。三界俱是識所變現，夢幻空花，何勞把捉。妄意淮南假真訓所謂形神俱沒，或有近於涅槃境界，未知兄不斥為斷見否？（撄寧謹按：衆生之病，都陷在『常』字一方面，『斷』字正是對症良藥，但恐其不能斷耳。）

學佛的基本認識

子[illegible]

學佛須有基本認識，有此認識，方能建立成佛路線，若無此路線，徒勞無功，不易入道。明代弘

一九四七年覺有情半月刊第八卷十月號書影

覺有情半月刊 第八卷 六月號 總數第一八七八期 （第十版）

大師遺教 三（上）

呼籲美蘇英倡導和平

告訴你們！全宇宙人物都是衆緣所成，周遍互相關聯着的。誰要毀滅他以利自，就是毀滅自以害自，希特勒的前車不遠！幸而佔着優勢強勢的，正應使其優強，多爲全地球人類服務。損己益他而他自均利。今日世界惟美蘇或英佔着強勢是無可諱言的，英國仍佔着香港不還，法國也靠一些海軍在進行佔中國的西沙羣島。設非無恥無慚，中國是決不敢以四強五強自居的，所以爲求人類的和平，只要呼籲着二強或三強。

三強曾以德黑蘭會議決定了爲人類正義和平服務，終止德日爲謀害全人類的戰爭。今仍望繼承德黑蘭會議精神而開始人類的真正和平。

人類真正和平，是要強者首先捨棄威脅着侵擬着他人而圖自己聲

嘅慕人生佛教之導師並答客問

陳攖寧

近代佛教中高僧頗多，最負盛名者二人，曰印光大師，曰太虛大師，不但通國皆知，並且名揚海外，要皆數十年堅苦卓絕之精神有以致此，實非偶然。兩師在日，固是雙方互相推重，而其所以爲教者則大異。印師專弘淨土，責無旁貸。太虛大師則以革新佛教爲已任，目的在倡導人生佛教，就原有教義上，用綜合整理之方法，以適應時機，有似乎馬丁路得之改革耶穌教，而手段則比較和平多矣。雖然，此等事業，訣何容易。挺傑出之才，闢釋行之道，剞天棘地，百折不回，新佛教體系，倘在萌芽，而導師已逝，吾人能不爲之長歎息耶。

不才平日與太虛大師極少親近之緣。惟景仰其人格偉大，思想超拔，學識淵博，器量寬宏，遇事尤能勇往直前，任勞任怨。即使離開佛教而言，亦不失爲普通做人的模範。十年前不才提倡神仙學術時，太虛大師於海潮音上曾有長篇文字，批評拙著仙學各書，不才頗能諒解其維護本教之苦心，初次不欲在刊物上顯然與之開辯論。但間接致函某君，託其轉達太虛大師，說明我的用意。故此並未直接通函，事後亦無下文。

民國二十六年春季，忽有素不相識之某君來函云，擬由南京往漢口西梅嶺鄉間諸訪敝處。不才急覆函勸其勿來，並詢其何由得知敝處地址。伊二次來函言，曾隨委員長遊奉化雪竇寺，與太虛大師閒話，表示自己性雅好佛，亦喜學仙。佛教中像太虛大師這樣人物，幸得當面開示，亦可以無憾。並且各處尚有許多佛門善知識，遇着機緣，不妨隨時參學。獨惜仙道人才缺乏，無從問津。外面道門雖多，皆不能令我滿意。吾師交遊甚廣，亦知專門仙學現今尚有人才否。太虛大師說，真正仙學人才，誠感覺寥落，但亦非絕無。余問其人何在，師遂將尊處地名告我，因此得知云云。

不才當日爲仙學奮鬭，本擬用全副精神，犧牲十載光陰，指摘佛教大藏經中所有一切矛盾及紕繆。因感於太虛大師洪度雅量，無形中被其軟化，乃將已成之稿焚毀，未成各篇亦棄而不作，僅發表『辯楞嚴經十種仙』一篇，遂從此停止筆戰。轟動一時的仙佛論辯，漸漸歸於煙消火滅，因此佛教學理上遂少了一個敵人，足見太虛大師手段之高明，而其護持佛教，更具有異常之方便，迥非其他偏執成見拒人於千里之外者所能及。

覺有情半月刊載嘅慕人生佛教之導師並答客問書影

存真書齋仙道經典文庫緣起

仙道學術，淵遠流長，自軒皇崆峒問道，至今已歷數千年。然歷代仙道大家之經典著述，由於時代之變遷，或埋於館藏，或收於藏海，或佚於民間，或存於方家，若欲覓之，誠爲不易。故對一些孤本要典進行重新編校整理，以免其失落，實屬必要。存真書齋仙道經典文庫之編輯，即由此而起。

存真書齋仙道經典文庫之整理計劃始於二〇〇四年，雖已歷五年，然由於諸多原因，公開出版頗費周折，文庫之第一種道言五種僅以自印本保存，流通之願難以得償。香港心一堂出版社社長陳劍聰先生，雅好道學，嘗以傳播中華固有之傳統文化爲己任。在得知存真書齋仙道經典文庫出版之困難後，遂致電於愚，願將文庫公開出版，以廣流通。善莫大焉。

存真書齋仙道經典文庫之整理出版，意在保留仙道文化之優秀資料，故而其所入選者，以歷代具有代表性的仙道典籍或瀕於失傳之佳作爲主，内容皆須合乎正統仙道之原則，不涉邪僞。凡不合乎於此者，縱爲珍本，亦不在整理之列。

本文庫之整理出版，得到了胡海牙老師的大力支持，及存真書齋諸同仁的通力協助，在此謹致以衷心的謝意。另外，還要特別感謝心一堂出版社陳劍聰先生對文庫出版所提供的方便，及張莉瓊女士、王磊龍靈老弟、劉坤明先生爲文庫的整理、出版所付出的努力與關心。

願文庫之出版，能爲仙道文化資料之保存小有裨益，則愚等之願遂矣。

己丑夏日蒲團子於存真書齋

修訂版序

存真書齋仙道經典文庫是我與三一子先生等人，在十多年前開始籌劃整理的。此前曾做過兩種自印本，但無論是印刷還是裝訂，都很難做到讓人滿意。二〇〇九年的某一天，心一堂出版社的陳劍聰先生打電話給我，希望能合作出版一些書籍，而我也正與中華書局談圖書出版事宜。我當時無法預估商談結果，遂將存真書齋仙道經典文庫的第一種，清代陶素耜撰著道言五種交給中華書局，請出版社審核研究，而將第二種李涵虛仙道集、第三種女子道學小叢書交由心一堂出版。這樣既可保證所出書籍的印製質量，也讓我們不必爲發行費心，能將更多的精力放在仙道經籍的收集與整理上。由於那時候心一堂出版社也剛剛起步，而仙道典籍的讀者群又不廣，故發行量一直不理想，李涵虛仙道集、女子道學小叢書的發行情況，並没有達到我們的預期，以至於我在以後的一段時間內，每整理完一種書，都要先問一問陳劍聰先生還能不能出版。就這樣，我們與心一堂出版社合作了十多年。不僅出版了存真書齋仙道經典文庫十五種不含道言五種，還出版了胡海牙文集兩個版本，一爲單册，一爲上下册、陳攖寧仙學隨談壹、貳、叁、龍虎三家丹法「析判」、陳攖寧文集全十一册等。從二〇二〇年開始，我們所有的圖書出版交由杜下文化（北京）有限公司，繼續與心一堂合作出版。雖然在經濟利益上所獲甚微，但我們與心一堂出版社合作出版的圖書，能經常得到同道之稱贊，也甚爲欣慰。

存真書齋仙道經典文庫從二〇〇九年由心一堂出版社出版，至今已有十多年，由於當時的整理水平及資料等所限，已出版書籍中的失誤與錯漏也時有發現，故很有必要進行一番修訂。結合我們已發現的問題，及一些朋友提出的意見與建議，本次修訂，除了修正文字、調整版式、對部分圖片和書影進行修飾外，還對部分内容進行了重新整理。比如將道言五種納入存真書齋仙道經典文庫，重新校勘，並加入少量陳攖寧先生批註内容；如李涵虚仙道集中無根樹二註，將選用更好的版本重新校訂；如當初整理女子道學小叢書時，選用的版本以青城山常道經書社寫刻翻印本爲主，此次將以民國年間上海翼化堂书局木刻原版進行整理，並加入全本道學小叢書等。

對錯漏及不足的修訂，是爲了讓圖書更爲完善。與此同時，存真書齋仙道經典文庫系列叢書的整理工作依然在繼續。希望閲讀文庫的朋友，能多提寶貴意見。

二〇二一年一月二十六日農曆庚子年臘月十四日蒲團子於玄玄居

修訂版編輯大意

一　女子道學小叢書係存眞書齋仙道經典文庫第三種，收錄陳攖寧先生編訂之女子道學小叢書五種，初版附錄道學小叢書之陳攖寧先生評註本旁門小術錄一種，修訂版附錄道學小叢書全部六種，並附陳攖寧先生有關佛學著述數篇。

二　女子道學小叢書係陳攖寧先生一九三五年編訂，由當時翼化堂善書局木板刻印。內容包括坤寧妙經、女功正法、女丹十則、男女丹功異同辨、女丹詩集五種，每種前有陳攖寧先生所作讀者須知一篇。初版時未能覓得翼化堂原本之全部，僅得女功正法與女丹詩集二種，故當日整理時，其他三種均採用青城山常道經書社重刻本。後在三一子先生的協助下，終得翼化堂版女子道學小叢書五種之全部，故本次修訂則採用翼化堂原版。

三　初版附篇僅收錄道學小叢書第四種旁門小術錄，並揚善半月刊中關於天隱子、坐忘論兩種簡介。本次修訂，根據三一子先生等所提供之資料，補入道學小叢書其他五種，即陳攖寧先生評註校訂本天隱子、坐忘論、三乘秘密口訣，及常遵先先生校註本五息直指、金火丹訣。

四 陳攖寧先生佛學論著拾遺，係仙道月報停刊後，陳攖寧先生發表於覺有情雜誌之文章若干，及其重編高鶴年居士名山遊訪記時所作讀者須知一篇。本次修訂，刪除初版所錄詩二首，補入戊子年改訂本名山遊訪記篇目提綱一篇。

五 本書修訂版，得到了三一子先生、張莉瓊女士諸同仁之幫助，謹致謝意。更要感香港心一堂出版社及陳劍聰先生對本書出版給予的方便。

二〇二一年六月十一日農曆辛丑年五月初二日蒲團子於玄玄居

目錄

女子道學小叢書

女功正法……（二七）

道學小叢書

陳攖寧先生佛學論著拾遺

女子道學小叢書

陳攖寧　校訂

女子道學小叢書編輯大意

一，精選古今女界中懿行嘉言，短篇著作，足以養成女子高上之人格，灌輸女子優異之智能，此爲關於心理一方面者。

二，精選歷代女子修養方法，經論詩歌，足以造成女界特出之奇材，健美女子普通之體魄，此爲關於生理一方面者。

三，道學爲中華民族之國粹，乃世界各國所無，而爲我國所獨有者。以前因女子教育尚未普及，故不能研究此種超羣之學術，今依男女平等之原則，將此種學術逐漸公開。

四，古人著作，深淺不一，有十分玄奧難以明了者，亦有偏於俚俗不能動聽者。今爲普及起見，玄奧者必附以註釋，務使讀者易解；俚俗者則稍加修飾，免致大雅貽譏。

五，本書編輯宗旨，乃提倡中國固有之道學，絕對破除迷信，凡稍涉迷信之文字，概不收錄。

編者識

蒲團子按　女子道學小叢書編輯大意，原載於每分册之卷首，惟女工正法卷首乃是道學小叢書編輯大意一篇。

坤寧妙經

陳攖寧　常遵先　校訂

校訂坤寧妙經序

道學之來源，不知始自何時，其見於記載者，則以廣成子告黄帝之言爲最古，距今已歷四千六百餘年，代代相承，未嘗斷絕。中間雖有時被陋儒之摧殘，及佞佛者之排擠，表面上似乎聲銷跡滅，然而山林隱逸，江湖異人，秘密口傳，數千年仍如一日。惟伊等發誓不著於紙，故局外者無從知其底蘊。於是儒、釋二家經典，汗牛充棟，而真正道家書籍，竟寥若晨星，女子道書，尤爲罕覯。

廿載以前，余即有願流通丹經秘本，苦於機緣未能輳合，蹉跎歲月，成效難期。今者幸遇翼化堂主人張君竹銘，堪稱同志，彼此互商之結果，遂有女子道學小叢書之編輯。第一種出版物，即是坤寧妙經，搜集木刻本、傳鈔本、家藏本，共有六種之多。其間文辭各異，字句錯誤者，指不勝屈。乃將六種本比較優劣，擇其善者而從之，自首至末，三翻四覆，修飾潤色，頓改舊觀。雖未敢稱爲十分精粹，但所餘者，亦不過大醇中之小疵而已。

因欲急於應世，故儘先出版，俟將來覓得特種秘本，再行一次校訂工夫，或可達到盡美盡善之目的。此則有待於他年矣。

中華民國二十四年一月黄帝紀元四千六百三十一年皖江陳攖寧識於滬上弘道軒

講經須知

一，女子學道，每苦於無書可閱，無經可講。雖有許多好道之人，因一時尋不著門徑，往往誤入歧途。種因既錯，結果全非，殊堪浩歎。此經行世，若有精通玄理之士，熟讀經文，潛心研究，因時制宜，隨機說法，令大眾普聽，解行相應，未嘗非女子學道前途之曙光也。

二，此經首言造化生人之原理，繼言女子品德之養成，繼言身心性命之根源，繼言金丹玉斗之秘訣，繼言發心實證，同參玄妙，共躋仙班。所有坤道修鍊普通應有之方法，包括已盡，切合女子心理與生理上之需要，若能善於演講，必能效果宏收。

三，佛教法師講經，常有在家婦女參雜於僧尼居士之中前去聽講。眾人合掌他合掌，眾人膜拜他膜拜，眾人唱誦他唱誦，眾人閉目低頭瞌睡，他亦閉目低頭瞌睡，有時忽然驚醒，勉强撑持，窘狀百出。迨聽講已畢，試問其經文義旨所在，都茫然莫對，僅以「不懂」二字回答。如此聽經，若說能得聽經之利益，未免自欺欺人。攷其不懂之原因：一由於經中義旨不能適合於婦女之性情，自覺格格不入；二由於講經之人，僅以單調的及乏味的說辭，敷衍而過，不能振作聽衆之精神，遂致滿堂入於催眠之狀態。故佛教講經，僅成爲一種儀式，徒壯觀瞻而已。

四，講坤寧經者，須要設法免除第二條佛教講經之流弊，講堂之中，温度要適宜，空氣要流通，一切儀式，一切陳設，隨時隨地，斟酌變化，不必十分拘泥。若財力不充者，僅焚少許名香已足，其餘陳設，概從省簡。最要緊者，須使聽衆心靜神凝，勿使聽衆昏昏欲睡。

五，講師之資格：（一）要通太極陰陽、五行八卦之哲理；（二）要知中國古代女界名賢之歷史；（三）要識身心性命之根源；（四）要明女丹修鍊之工法。四種學問，若缺其一，即不能解釋此經。

六，講經之時間，每次以一小時爲限，若多講恐聽衆易於忘記。好在經文不繁，全部共計十八章，每一次講一章，十八次即可講畢；每二次講一章，三十六次亦可講畢。至於一日一次，或二三日一次，或每星期一次，臨時決定可也。

七，講室中要預備黑板、粉筆，若遇有關經義之文字，可以臨時寫出，便於聽衆作爲參攷之用。

八，關於女丹修鍊實行口訣，有不便公開演講者，概依前人傳授規則辦理，講師不可破壞古例，聽衆亦不可强迫要求。

坤寧妙經

陳攖寧　常遵先　校訂

資生章第一

兩儀氤氲，資始於乾；萬物胚胎，資生於坤。維坤亨貞，承乾順應；蘊蓄凝結，其道以正。載物之功，匪坤莫成；配天立極，惟一惟貞。陰陽不忒，神妙化生。物物藉之長養，息息得之常存。旨哉生生之理，微乎化化之源。寓至動於至靜，分清流於濁淵。欲知婦德綱維，先辨坤元奧窔。地無不載之天，陰有含陽之妙。明四行以樹芳型，却七情以歸至道。節義標青史之傳，精魂證紫宮之號。談經立千古母儀，秉筆垂羣蒙女教。資生之功，首宣大要。

化氣章第二

陰陽迭運，循環無端；晝夜遞遷，健行不息。氣有二至之分，運擅三元之妙。化機泯跡，樞紐乎中；體用攸關，互藏其際。瀰淪磅礴，始無而見有，仍終有以歸無；渾灝流通，自實以成虛，即從虛而證實。虛虛實實，究莫名虛實之端；有有無無，亦難測有無之兆。先天太極，造化根源，人物生機，乾坤大道，惟婦女者，得坤之體，承乾之功，靜一而已。靜專於寧，一純於德，不識不知，順帝之則。本翕受之真機，合身中之日月，緜緜任其自然，息息歸於根穴，汲水府之清泉，養靈臺之皓魄。解悟玄微，瑤池仙客。

淨業章第三

欲躋仙階，務除惡業；去惡未淨，樹德難滋。若彼心迷於慾，情鍾於愛，或流連宛轉；或嬉笑悲啼；或絲藤不斷，遂牽引以沉淪；或羅網誤投，竟含冤於末路。夜臺悽切，空憾情理；泉壤飄搖，猶留愛蒂。如斯纏縛，焉脱輪迴？欲出迷津，惟憑慧炬。身口意業，永不招愆；殺盜邪淫，慎毋輕犯。一誠奉善，似嘉穀之朝陽；萬念潛消，如沸湯之沃雪。潔清源本，方好修持；覺悟因緣，不難證道。

修善章第四

塵業盡淨，掃渣穢而心地擴清；夙過胥融，闢荆榛而性天朗照。虛靈透露，彝好攸徵；打叠精神，專修懿行。積善餘慶，不善餘殃；載諸坤卦，良意深藏。太上之道，專氣致柔；楚書之辭，惟善爲寶。柔性和順，能用則正；善歸於柔，慈祥謙遜。肅志端莊，歛躬温清；冲虛雍穆，貞一妙應；養氣寡言，清心無競。惜物命以蓄生機，參道要以明真性。既克敦乎倫常，復潛修乎玄蘊。不泥繡佛空談，須究還丹心印。勿以小善不爲，勿以人善是憎。和光風月之中，適性簾幃之內；炷香敬禮自性元神，酌水清修光明寶藏。莫謂女界無傑出之才，須知玄門有坤寧之妙。

崇德章第五

天有五賊，用之則昌；人有五福，修之則良。大德不德，如川之流；小德積德，敦行而化。體也艮止，用也變通；有得於中，跡象胥融。大化謂聖，神不可窮。女修之功，先去慝焉。關鍵奚云，辨惑爲真。維女子見，多失陰僻，曖昧狐疑，猶豫不已。故其情欲，每易嬌癡；而其知解，常多回惑。矧於典籍，更少覽觀。宦門淑美，徒博錦幃繡閣之華；紳族名媛，不過詠雪吟風之學。拈針刺繡，已擅閨奇；膩舞情歌，更誇艷跡。豈知貞靜之懿徽，罕具清高之令德。昔者北郭辭官，蜚聲於楚國；孟光舉案，推譽於梁鴻。然而大家作訓，語焉不詳；列女有編，傳之未備。玆特妙演坤寧，用垂閫範。蘭房秀質，惟德是基；芳蓐佳才，能崇是望。初終毋替，永固根基。

女教章第六

蒙以養正，作聖之功；坤而元亨，用柔之道。古有賢女，以身立教；蕙質天成，蘭言則效。守貞不字，閨壼十年；温情婉若，慧性幽嫺。夙興夜寐，孝敬誠虔；和以馭下，莊以修己；動容出辭，準乎法紀。龜鑑鴻篇，曾傳女史：或孝感夫神明，或忠堅於男子，或節凜乎秋霜，或烈同夫杲日，或義可以貫金石，或俠可以激風雷，或智足破大疑，或才堪濟一世。歷稽美德，千古餘香；挹彼休風，百年增色。爾諸閨秀，精鑒前型；毋慕虛榮，毋矜文彩。鉛華洗盡，不誇艷服奇妝；筆采端凝，莫繪綺詞麗句。敦倫好學，說禮明詩。專事織裁，毋徒飾爲纖巧；潔修中饋，務實體於儉勤。柔德是正，令名克成，更能陶其真性，保其元精。致功於內外，鍊氣於朝昏，是童女身而得道，可駕鸞鶴以飛昇。

婦道章第七

婦道尊嚴，修持必要，敵配於乾，母儀攸好。結帨之期，慈親訓詞，必敬必戒，無違夫子。夫婦之倫，人道之始；御家有教，正室有禮。鹿車共挽，牛衣不恥；井臼躬操，糟糠非鄙。閒事莫干，中冓勿齒；既助家長，用誨兒孫。若彼敬姜務績，孟母三遷，丸熊助讀，封鮓養廉，隔紗受業，截髮留賓。昔賢既往，誰嗣徽音？凡諸富貴之家，必去矜驕之態，門內興仁興讓，後世乃美乃馨；或操貧賤之業，須絕嫌怨之萌，齊眉可飽可歡，子孫必礽必雲。戒貪嗔以平戾氣，醒癡愛而杜荒淫；苟婦德之無忝，斯人道之有成。善慶則宜男益壽，福報則身泰名榮。懿美克臻，玄修可尋，既迪爾以本職，更誨汝以真經；溯源究本，見性明心，金丹無俟外覓，坤基即在本身。

經論章第八

皇古渾穆，氣物淳樸；燮理陰陽，純熙噩噩。名象何分，邱索奚作；中古羲農，畫圖演卦。書契既闢，乃立教化；垂典編謨，盛自虞夏。然所著書，總此心傳；未有區別，無分男女。矧茲禀賦，同具一元；雖異其形，乃同其理。惟精與氣，神爲之主；或清或濁，心君是省。寡慾忘情，築基鍊己；玄牝翕和，潮信滅影。本庸近之常經，起塵埃於天頂。定觀即克己之功，黃庭隱真人之容。西華宣妙化，金母挹靈風。全形毋俟尸解，鍊炁直入穹窿。童貞無交感養育之傷損，易變形而啟蒙；婦女多濁漏胎產之破壞，務潔志以修容。私慾悉捐，萬感俱泯；廣參經論，入眾妙門。

覺迷章第九

茫茫塵海，滾滾風濤；水陸滄桑，古今朝暮。浮生如寄，嗟五濁之形軀；幻夢終宵，歎百年之荏苒。雞皮鶴髮，難駐紅顏；玉貌花容，瞬埋青塚。或累多於子女，或習染於紛華。不求早出迷涂，焉能常留凡境？生時既已渺茫，死後如何超脫？所幸女性幽嫺，故爾婦修穩妥。牢固金精於玄室，斷除天癸於層關。功邁絳雪之丹，神遊閬風之苑。笑粉黛之嬌嬈，等優伶之忸怩。乘兹普渡機緣，快上法船歸隱；古昔證道女真，皆住蓬萊峯頂。喚醒枕側癡迷，莫認眼前光影；須知還返工夫，急速下手加緊。清淨源頭性命基，坤元妙理少人知；一痕曉月東方露，窮究吾身未有時。

坤基章第十

二氣交結，中黄應玄；五行相生，惟土斯全。其德安定，其功積厚；其性專一，其用真常。含育萬有，滋息繁昌；上配乎天，下通乎淵；凝和百脈，灌溉三田。黄芽出土，見藥苗之新嫩；白雪凝酥，識冰壺之妙音。固元精於玄牝，入一念於杳冥；下手先須克己，用功只在存神。四威儀中寂照，内觀想裏安心。直至天君泰定，方能運動周行；苟不得其真諦，百般盡屬虛名。譬諸蓋屋，首要築基；喻彼燒爐，先須種火。五行攢簇，結中宫靈臺之緣；四象安排，衍坤維丹室之奥。不識玄關，難言至道。常明根本於生身，究厥性命於仙教。即心即道，道斯可造。

根本章第十一

爲人在世，不論男女，能知本根，即可入道。本乃性原，根爲命蒂。譬彼樹木，必培其本；本既堅固，方可滋生。又如花菓，先發在蒂；蒂既含蓄，斯可成熟。人之根本，胡可弗保；溯厥本來，其根原固。何甘戕伐，自作損傷；滅性輕生，淪於眾盲。致令元始以來一點靈光，逐漸消蝕，必竟沉淪。試思宇宙萬類，莫不各有根本；極之微渺動物，亦能善養其生。豈可人類，而不如物？雖然血氣不和，根本難立；色身有漏，根本難全；孕育多胎，根本難固；愛情染著，根本難堅；愚濁混淆，根本難清；神志昏亂，根本難安；貪私擾攘，根本難淨；習於詐僞，根本難純。故爾修功，不能精進。能知諸弊，一一掃除；毋搖爾根，毋傷爾本。爾性爾命，勤於照顧；爾精爾氣，時加保護。安神守真，去妄存誠；惟本是究，即可長生。

性命章第十二

命原於性，性根於命；爲天地祖，爲萬物靈。未立命時，本同此性；既有命後，不離此性。彝良之好，人各具足；雖有男女，性無差別。究厥本初，性亦不名；太極未判，性命何分。兩儀既生，始見性命；性爲命竇，命爲性源。養性即是存心，修命可以造道。毋自委之命定，是輕視夫命也；毋飾言爲性惡，是妄解夫性也。欲知性命根源，須究乾坤妙用。陽裏含陰以受質，月中抱日以生光；本來互用之天機，即是性命之妙理。

動於無始，動極而後有陰；　靜於無終，靜極而後有陽。一陰一陽，一動一靜，清濁上下，乃見造化。陰陽動靜之根，性命身心之要。一靈覺照，性海常發智光；　萬有皆空，命門獨開生路。全性則全受全歸，修命即修仙修道。交互有功，於斯爲至。

心體章第十三

心體無爲，湛然常寂；　朕兆未露，化機泯焉。無極渾淪，默默兀兀；　太虛罔象，妙絕等倫。危微精一，已落知解；　溯厥本來，心體何在？　陰陽肇判，則有主持；　强作樞紐，名爲天心。以先天炁，用後天神；　以後天質，命先天名。是故天地以之立命，人物以之安身，唐虞以之授受，聖賢以之存存。究萬有於一原，歸三教於一真。惟真惟一，常惺常明；　虛靈不昧，其體光瑩。能知道心即人心之本，乃見人心即道心之用。說道心即非道心，說人心即非人心；　說有心而心不見爲有，說無心而心不見爲無。不動妄心，而動覺心；　覺心常照，妄心常空。本體如如，真心乃見；　操存舍亡，猶是工夫。操舍兩忘，心齋獨得；　四勿之語，歸於自然。寒潭月映，止水空明；　心體湛然，亦復如是。性善性惡，皆是假名；　道心人心，千古紛紛。泥文執象，莫究本真；　先天後天，孰合孰分？　吾爲爾等開示心體，但求道心，莫究人心；　但發真心，莫生妄心；　但存覺心，莫動欲心；

但住無心，莫執有心。如如泰定，百體從令；修道修仙，隨心所證。

指玄章第十四

玄本無指，指即非玄；即無可指，玄亦難言。所言爲何，虛空即是；玄中之玄，是名了義。心性寂然，虛空粉碎；無體無形，何有旨趣。然此妙法，爲最上乘；玄之又玄，莫可名狀。清淨道身，方克臻此；頓悟性天，直超無際。中材以下，妙理難聞；茲爲導引，開方便門。義雖第二，道則同歸；志修真者，以斯爲依。夫道妙蘊於玄微，而精神凝於玄牝。生門死户，出坎入離，無踰乎此，玄爲之關；槖陰籥陽，安爐立鼎，莫外乎此，玄爲之鍵。是此玄者，乃性命主，乃造化基，乃胚胎種，乃元神宅。故有五玄之名，以立三才之極。心肝脾肺，各有所藏；然而精元，獨歸腎海。此即人身樞紐之所，又爲星辰歸宿之地。百脈循環，總會於此；三車搬運，發轅於此；男女修真，皆在於此。玄乎玄乎，窈冥恍惚；有中之無，無中之有。我欲指之，究無可指。知此玄妙，然後採藥行火，自能七返九還。若無鍊己工夫，終難築基下手。歷代仙聖，言之詳矣。指點真機，大丹易鍊；普結坤緣，同成法眷。

金丹章第十五

萬劫真修，千秋絕業，嗣音莫遇，孰辨焦桐？剖玉誰能，焉知荊石？兔狐乳馬，異類相求；燕雀巢鳳，小德自安。以斯種種，希學長生；擔肩大道，何殊負山？生死未明，丹旨奚識？不墮旁門，寧甘休息？舉世學人，大都如此。睇觀海宇，良可悲悼！矧乎女子，未悟玄微；深坐閨中，徒延美景。縱有志趣，何從得師？憫爾柔姿，用開捷徑。法取其實，義無支離。即一身中，窮源溯本。女丹甚簡，坤道甚易。曉日東昇，光痕逗露；運汞配鉛，神氣俱住。積氣本生氣之鄉，存神爲鍊神之路。必先絕慾忘情，然後入室打坐。鍊己同乎男修，調息緜緜勿助。一陽動處，行子午卯酉之功；百脈通時，定乾兑坎離之位。玄牝立而鼎發黃芽，橐籥開而天垂甘露。元精凝汞上泥丸，神火運行燒玉峯；謹審信潮將至候，逆轉黃河水自通。金精化液，朱汞流光，守靈丹於元室，養真氣於黃房。七七固丹基，百日赤龍降。鍊形即鍊氣，此是大丹方。

玉斗章第十六

天有七政，秉璇璣之權；人有七竅，妙形神之用。脈絡通乎躔度，星辰會於玄竅。解悟玉斗樞衡，立躋天真位號；用施普度津梁，導爾直入仙鄉。凡諸婦女，虔潔心香，每於靜夜，子轉一陽，凝神端坐，定息垂光，叩齒聚精，默誦靈章。注神元海，直過腎堂，由夾脊關，上朝玉皇。星精運印，天日焜煌，上接北斗，紫氣眉揚。存想真形，照我黃房；丹元靈府，光華含吐。青赤白黃，木火金土，腎水玄精，成色有五。直與斗光，交映爲伍；共入丹元，蘊諸精海。化真人形，迸出天頂，歷北極宮，志誠朝禮，周遍斗城，還歸本體。收斂金光，育精洗髓。五氣朝元，功無踰此。勤而行之，三年遐舉。是爲玉斗秘密之章，最上一乘之旨，智者真修，有緣得與。

實證章第十七

修道修仙，希聖希賢，總無男女分別，惟在心志專虔。至誠無息則久，神而明之在人。苟能躬行實踐，自得智慧圓通。欲聞大道，須解真修；修不能真，證何由實？須知實證，不事枝葉；窮理盡性，以至於命。跳出樊籠，臻於聖域。世俗修行，盡屬循名，以循名故，遂無實際，歿身不悟，深可悲歎。雖曰三教皆有實證，然其果位未必盡同，初終體用，偏而不全，執其一端，鮮克有濟。爾等須知，女子修行，工分九級，級分三步，三九累積，二十七層，性命雙修，斯爲大乘。明體達用，徹始徹終；陽神普化，光滿虛空。空不著空，何空非實？內蘊玄機，陰陽消息，湛寂圓明，了然真際。願爾羣倫，究心斯義，核實用功，毋循名譽。太上忘情，泯絕思慮，實證非虛，志向上去。

發心章第十八

太虛冥漠，法願宏深；苦海無邊，回心即岸。現在未來一切善信，秉此心香，同誠矢願。發真信心，無起疑惑；發精進心，無起怠惰；發決斷心，無起牽纏；發謙下心，無起驕慢；發向上心，無起凡情；發清淨心，無起慾念；發慈悲心，無起殺害；發智慧心，無起貪嗔；發圓通心，無起執著。願諸惡莫作，願眾善奉行。

民國二十四年（一九三五年）二月翼化堂善書局初版

女功正法

靈陽道人　原著
陳攖寧　刪訂

女功正法陳序

此書原名增補金華直指女工正法，題爲「掌領坤教青霞元君靈陽道人何仙姑奉敕述」，蓋乩筆也。首有「說」一篇，乃光緒六年純陽子作，亦是沙盤中語，雖有千二百字之多，皆雜輳成章，腐詞濫調，僞託呂祖，故不錄。又有道教、儒教、釋教、邪教四篇，既無關女丹之事，且所論三教大旨與其歷史，頗多掛漏，而邪教一篇文字，尤不雅馴，故皆刪去。從第一節起，至第六節，皆言女丹功法，雖似乎勉强造作，非法於自然，但其法由來已久，學者不可不知；第七節嫌太簡；第八節、第九節論及陽神，夾入許多佛教名辭，頗異於仙家專門術語，今亦姑存其說，而不可以爲訓也；第十節無關重要；第十一節僅是作書者之理想，皆不足論；附錄二則，聊供參攷而已。原本卷後尚有七言絕句十六首，名爲女功正法捷訣，其運用皆與以前各節相同，不過重說一遍耳，故從省略。

讀者須知，神仙之學有四大原則：**第一，務實不務虛**；**第二，論事不論理**；**第三，貴逆不貴順**；**第四，重訣不重文**。凡審定丹經道籍，皆當本此原則以求，庶免迷惑。今觀此書所言者，事也，非理也；所行者，逆也，非順也；所傳者，訣也，非文也。對於第

二、三、四各項原則皆合，惟作書之人不用真姓名，而假託於呂純陽、何仙姑，未免虛而不實，與第一項原則不合，故將書中顯然乩筆處概行刪削，去其僞即所以存其真。世間智士，當有同情也。

中華民國二十四年六月黃帝紀元四千六百三十二年皖江陳攖寧識於滬上

女功正法

原著　靈陽道人　刪訂者　陳攖寧

總論

男子二八精通，精盈則洩；女子二七經行，經滿則溢。人欲無洩無溢，必須知風知火。火即元神，風即真息，神息相依，由觀而得。

法從目中玄竅，視入炁穴之內。炁裏神凝，都由意攝；天然風火，交無運休。易精益氣，易氣益神，神圓形化，身外有身。

訣云：「但能神息常相顧，換盡形骸玉液流；只因久視長生窟，鍊出陽神現頂門。要知萬物生皆死，須悟元神死復生；能以心神居炁內，嬰兒安養定功成。」人能本此修爲，何患內丹不就？

法以衝任督脈，運在內外中關，惟是女修略異。功始上關乳溪，繼在中關臍內，終歸下關子宮，復將中下化爲一穴。

男子鍊精，名曰太陽鍊氣；女子鍊血，名曰太陰鍊形。

火風之秘，候宜文武。武在中間，文用始終。周天運行，不離觀止。一日之內，十二時中，意之所到，皆可爲也。先天之炁，後天之氣，能得之者，日常似醉。

世俗女子，習染太深，貪食葷腥，易生慾念。見人婚嫁，中懷自怨；春感秋傷，致生怯病。多食生冷，更增經滯；復遭誘惑，身名俱敗，抱恨終天。人當鑒此，莫造孽緣；忍者自安，悔者自樂。意似捧盈，心如止水；時傚金人，緘口藏舌。動靜云爲，保貞全節；打破情關，跳出慾海。

身中天癸，養命之源。急求功法，鍊化成真。功積人間，神歸天上。汝等修士，各自勉旃。

此篇約九百四十餘字，似是乩壇訓示文之類，語多無稽，今删去大半，僅存四百餘字。

第一節　識基潔心

若要識基，先須潔心。一塵不染，萬象勿迷。心空欲淨，自然定靜。如鏡之明，如水之澄。心既潔矣，即求識基。

女原坤體，陰背陽腹。乳房外竅，乳溪内穴。第六重樓，六分半處，與十重樓，外闕相對。坐先跨鶴，腿膝交叠。緊閉下關泉扉，得固元炁；運動上關乳溪，下免洩漏；中關臍內，一寸三分。

欲無五漏，須守三關：耳常內聽，目常內視；口閉不言，炁納乳溪；神凝金室，性定覺海；意注丹宮，歸一惟觀。金母觀心，老子觀竅。佛觀鼻端，端即鼻尾，名曰山根，在二目中。至聖顧諟，當止之處；允執厥中，至善所在。

攖寧按 佛觀鼻端這個法門，見於佛教楞嚴經「孫陀羅難陀，觀鼻端白，見鼻中氣，出入如煙，煙相漸銷，鼻息成白」。設若觀山根，如何能看見鼻息之出入？

又按 鼻端之「端」字，在字典上，作「首」字解。首即頭也。所以鼻端就是指鼻頭而言，決不是鼻尾。無論觀山根的法子如何高妙，總不是佛觀鼻端的法子。山根與鼻端，上下地位不同，後學切勿誤會。

二六時中，觀其未發，七情無有，五蘊原空，心常自在，活潑潑地。若吾呂師，道源玉清。凝神氣穴，注下丹田，意由目中，引入炁穴，先天炁來，後天氣入，刻刻存之。

女以乳溪，爲上丹穴；臍後腎前，即爲中關；牝户下關，子宮大鼎。亦由目中，引入乳溪。臍內子宮，一脈相通。先天種子，命之本源。

男子元精，至陽之炁；女子真血，至陰之精。生身之寶，萬化之根。男藏命門，即是炁穴；女藏牝户，即子宮中。慾動難留，心靜可保；然須風火，鍊化常存。

第二節 修經起用

女子二七，經行血虧。雖是月月信水再生，實是月月皆有傷耗。有志修經，鍊之化之。年老已絕，先使之來。莫食生冷，方免血瘀。**攖寧按** 習慣相傳如此，但不必拘泥。蓋因經水乃命之根基，起鍊之法，意似有爲。易益血氣，不復再傷。有爲無始，無爲有終。**攖寧按** 此書文字，頗不明顯，容易誤人。即如「有爲無始，無爲有終」二句，讀者未必能解。作者本意原謂，有乃無之始，無乃有之終，如此而已。至於上文「意似有爲」一句，是說自己意念似乎有所作爲，比較「有爲無始」句中「有爲」二字，大不相同，讀者須要分別觀之。有處着力，後天氣通；無處用意，先天炁盈。目隨意至，神息相依；易血益氣，鍊氣養神。從中關起，意似著力；往上直提，三十六次。提到上關，左右各旋三十六次；再到乳房，左右各旋三十六次。天谷不熱，炁未上升；地泉不熱，炁未下降。意領目注上中二關，兩手叉臍下泉上。意似著力，往上直提三十六次。提到乳溪，再到乳房外竅之內，左右各旋三十六次。

第三節　斷龍工法

斷龍秘法，工兼有爲。子午二時，坐如跨鶴，叩齒七二，通肺俞穴。意用後天，鼻息自然，三十六次，周身脈通。**攖寧按**　此段文句太簡略，恐人難明，今特加以解釋。所謂「叩齒七二」者，就是叩齒七十二下；所謂「三十六次」者，就是鼻息三十六次。一呼一吸，名爲一息。三十六息中，若依呼吸計算，則呼三十六次，吸亦三十六次，共計七十二次，與叩齒之數相同。蓋每一呼叩齒一次，每一吸又叩齒一次。所以鼻息三十六次，叩齒則有七十二次。

脚跟緊抵泉扉，兩手交叉臍下，意似著力，往上直提三十六次。提至上關，意用目旋，各三十六。再至中關，意用目旋，各三十六次。手向天托，緩三十六，緊三十六。

尾閭忽動，兩手叉腰，緊咬牙關，兩肩直聳，夾脊雙關、肺俞皆動。意將頭背往上直聳，上之玉枕，通至泥丸。再將下唇緊包上唇，意將真炁，上送泥丸，下近鼻竅。

舌搭天橋，甘露自來，用鼻一縮，津隨意嚥。送至臍下，手安牝上，意似著力，直至子宮。三十六次，甘露入鼎。熱炁盤旋，脚跟緊抵。身心俱定，子宮安靜。魏元君曰：「寶歸北海，安靜妥妥。」

第四節　鍊乳還童

乳房上通心肺，下澈氣海。若要鍊乳如童女形，功在斷龍法內。加送甘露，直至絳宮，意注兩乳，左右各旋三十六次。唇門上下，牙齒咬住；鼻孔關閉，用內呼吸。在乳房內，以兩手心，各左右揉七十二次。先緩後急，先輕後重，百日功全，成核桃形。

昔鳳仙姑鍊乳訣云：「左日右月一陰陽，鼻息內行名運罡；欲得陰陽歸日月，必須真火鍊雙掌。」按「雙掌」在別種書上作「雙房」。

攖寧按　第二節至第四節，三段功夫，雖然說得明白，但初學之人，看了此書，自己須要慎重，不可輕舉妄動。最好是多看幾種書，將理路弄清楚，能够融會貫通，方可試做。並且要十分細心，一有障礙，立刻停止，否則恐怕做出病來。單靠這一種書，決難應用，我發願將自古今女丹秘籍十餘種，完全宣布流通，公開傳世。或加註解，或加校訂，或加補正，俾成爲古今女丹訣最完全的一部叢書，將陸續出版。以前女子修鍊，所困難者，就是無書可看。現在看書的問題，是已經解決了，你們必須多看書，多研究，再尋訪已經做過此種功夫的人，與他討論，或者能得到一點門徑。

第五節　安鼎結胎

男以下田、中田、上田爲鼎，女以子宮、臍內、乳溪爲鼎。子宮離下丹田一寸三分，離臍二寸八分，又在上關乳下。上乳溪，中臍內，下即子宮。部位由外而內，運用由內而外。男無子宮，以下丹田爲大鼎。此所以名同有異。**攖寧按**　丹經言鼎必言爐，鼎在上而爐在下。此書有鼎無爐，而且上中下三個部位，都名爲鼎，不合古人之成法。所謂一寸三分、二寸八分者，皆難作準。學者不必拘泥，免受其誤。

呂師金華集，二目迴光，由二目齊平之間，一意專注，至下丹田。女於斷龍工法行後，安靜數刻，意由二目中間，迴光注至乳溪三十六次，注臍內、注下丹田即子宮各三十六次。意引華池水到上鼎，引心肺二液到上鼎，意將海中真金送到上鼎，而後意似著力送下至中鼎，再送至大鼎，盤旋十八次。內熱火升，鼎安胎凝矣。**攖寧按**　此段作用，文義亦不明白，初學恐難以照行。

第六節　胎息自調

呼吸能免風喘粗淺等弊，鼻息即調，息息歸根，便成胎息。息行脈動，息住脈停。古書云：「服氣不長生，長生須伏氣。」真息運行，即能伏氣。斷龍工後，再靜一時；七情未發，雜念不起。於是足抵泉扉，唇合齒藏，意隨目光，注在心腎相去三寸八分之處，左旋右轉四十九息。甘露自來，如嚥似提。提即歸臍，炁即凝矣。久成胎息，不呼自呼，不吸自吸，不提自提。牝户之内，闔闢自然，和緩如春，丹自成矣。此節文句略有删改，功法概仍其舊。

攖寧按　從調息以至胎息，中間之現象，未曾說明。所謂心腎相去三寸八分之處，亦不足爲據。

第七節　液還胎成

男工河車，神火息風，日採歸爐，鍊成小藥，炁足神圓，便成大藥，五龍捧聖，運合天然。由下遷中，益氣養神，再遷上田，先透頂門。玉液還丹，醍醐貫頂，陽神鍊熟，即曰神仙。

若問女子玉液還丹，便是赤龍化爲白鳳，充滿下田，恍如胎孕。功滿炁化，神光圓足，透出頂門，鍊就陽神。玉液還丹，醍醐貫頂，不離前功。須如大士，普陀頂上觀妙音也。

攖寧按　論女功處，太嫌簡略，不足爲法。

第八節　鍊化陽神

易精益氣，鍊氣爲神，男之内丹；易血益氣，鍊氣爲神，女之内丹。都用火風。若女之斷龍，在化血成炁。又云：「調息化氣成神。」若炁不鍊，則神不足，形亦不著，只爲陰神，不成陽神。

法於入靜，用六字訣。意用「唵」字，從臍内起，居中丹田，左右各旋三十六次；意用「嘛」字，東方肝部，左右各旋三十六次；意用「呢」字，南方心部，左右各旋三十六次；意用「叭」字，西方肺部，左右各旋三十六次；意用「咪」字，北方腎部，左右各旋三十六次；意用「吽」字，上至泥丸，左右各旋三十六次。意居中，統魂神魄炁，總歸於頂，鍊化成陽。陰居大鼎，靜以守胎。再將「唵」字，意運中關。九次工成，陰升陽降，會合中鼎，光圓頂門，而爲大士坐普陀頂，觀世五方自在妙音。

第九節　陽神光圓

玉液還丹，陽神未純；南海得珠，陽神光圓。比如大士坐普陀頂，觀世五方自在妙音。心即紅兒，五十三參，至誠皈依，意根返元，六根解脱，神自圓明；腎比龍女，手持寶珠，上獻當前，光包十方。心腎既交，神炁自合，結成真種，養育聖胎。紫竹隔住，肝性仁也；白鸚飛舞，肺情義也；金木交併，性情合也；虎伏龍降，水火濟也。清靜寶瓶，喻肺之液；楊柳枝兒，喻肝之尾。華池津液，比如甘露；泥丸頂上，穩坐普陀。法用哆囉，意用唵字，入真息處，即大鼎也。寶安魚籃，投至臍內；口中似念，伽囉伐哆。專意無分，一切婆娑，定慧通圓。任他南海，波浪滚滚。元陽炁足，神火光圓，大藥冲關，吾只自在觀自在也。心定意淨，一觀而已。此部大法，玄妙真機，較斷龍法，更爲佳妙。如此九轉，即得七返。功歸臍内，陽神現頂。寶光上升，形神俱妙。功德圓滿，玉詔即臨。

第十節　温養朝元

大鼎已安，大藥已得，聖胎已成，陽神已現。還須温養，乳哺三年，面壁九載，定息緜緜。意一無分，神息相顧。三千日内，如保赤子。刻不忘此，無須臾離。二目垂簾，光隨意注，存於内竅，靜而愈入。炁煖如春，甘露頻生，氣運周身，始自子宫。後升前降，河車自轉，易化凡軀，成我真形。

男子朝元，白光透頂，次黑、次青、次紅、次金；女子朝元，黑光透頂，次紅、次白、次青、次金。功足光圓，五光會一，地雷自鳴，天門自啟。陽神一出，一出便回，先近後遠，切莫自迷。當此之際，便宜慎之。

第十一節　功成超凡

陽神出入自如，真我遊行自在。且住人寰，廣立功德，德深緣至，真師來度，引見上帝，次拜諸天，後到瑤池，朝見金母，授職爲仙，是爲超凡。

附錄一　先治經病

胎前産後，經閉成疾。功加揉腰，三十六次，左右如之。兩肩上下，各三十六，左右如之。加摩臍心，兩手交互，各摩七二，內熱方止。

血崩帶下，前功加一逆吊虎法：橫木懸空，兩脚倒掛，形似金鈎，手指撐地，意注臍下，左右盤旋百二十次。每次子午，兼治閉經血瘀血瘕。

前功內加順釣金鰲：橫木懸空，合掌順掛，脚尖至地。二目垂簾，低頭觀心，三十六次；意隨目視臍下六分，三十六次；目觀病處，亦三十六。諸病類此，一一推之。秘用心神真火治疾，乃魏元君、崔鳳、孫麻團、魚瞅鰲治病秘法。

附錄二　經絕引還

月水已絕，先須引還。斷龍法內，意往上提，改往有送，左右各旋，改爲各揉。百日經來。三日之後，仍用前法。百日功滿，後即斷去。

民國二十四年（一九三五年）七月翼化堂善書局初版

皖江陳攖寧　刪訂

女丹十則

讀者須知

一，此書無著者姓氏，舊題爲「華藏山清烈古佛撰」。此種名稱，太覺淺陋，作書者雖不欲用自己真姓名，然何必僞造佛號乎？故削去不錄。

二，此書雖標題十則，然第五則與第六則，内容大致相同，第十則所論，又太覺空泛，無另立一條之必要，故於此三則中，皆大加删節，免得惹起讀者之厭煩。其他各則，亦有删節並改正。學者若將原本與此本對照，則知有不能不删改之理由，非多事也。

三，除本文而外，凡有余所加之按語，讀者切宜注意。因爲那些評論，都是經過數十年的閱歷，方能寫出，不是像别人做文章，隨便亂說，毫無憑據。

四，附錄坤訣一篇，雖不敢斷定確屬孫不二之手筆，但文字亦簡潔可喜。至於傅金銓的註解，惜其滿紙喻言，恐學者難於領會。篇末「黄芽白雪」四字之來源，余說得甚詳，讀者應當研究。

五，女丹經内藏真訣者，自古及今，遍國中只有二十餘種，不能算多，學者必須全讀，方能得其門徑，然後再尋師訪友，實地練習，庶幾可望成功。切勿一知半解，自滿自足。

中華民國二十四年七月黄帝紀元四千六百三十二年皖江陳攖寧作此代序

女丹十則

皖江陳攖寧　刪訂

第一則　養真化氣

攖寧曰　道家工夫，貴在口訣，至於文章之優劣，殊無足重輕。故嘗有理論不圓者，或字句欠通者，或見解卑陋者，或夾雜迷信者，皆能使人生鄙視之心，遂致其真口訣亦湮沒而無聞，甚可惜也。余今編輯此書，蓋欲度中材以上有學識之女子，若概依原本錄之，未免貽譏於大雅，玆特撮拾其精華，削去疵累。雖未盡臻純粹，然已較原本爲可觀矣。

女子修行，與男子有別。男子陽從下洩，女子陽從上升；男子體剛，女子體柔。男子常保守丹田之陽精，不使外洩，積之既久，用身中真火煅鍊，使精化爲氣，氣化爲神，神化爲虛，而證道矣；女子乃陰體，須用乳房靈脂，變化氣質，久久運鍊，自然赤反爲白，血化爲氣，血既化氣，仍用火符進退，亦能氣返純陽，了道歸真。故女子初工，先鍊形質，後鍊本元，不似男子之工先鍊本元，後鍊形質也。中略。

何謂養真？凡人之心，最易搖動，若使其常守於內，便生厭煩，故起手先教以養真之法，自然厭煩少釋，四體安和，方能再求進步。中略。

平日坐鍊之時，必須從丹田血海之中，運動氣機，照著心內神室，覺有清氣一縷，自血海而出。定久之際，其氣必動，隨其氣機鼓舞，向上飛騰，衝到泥丸，復轉下降。斯時微以意引之，隨着氣機從泥丸降下重樓，此時切不可用意，恐傷形體，即隨氣機自重樓下至兩乳間，內有空穴，凝聚良久，若有動機，照前行持。不過四五十日，其氣已透，血化爲氣，赤反爲白。斯時丹元已露，道心已誠，若能堅持靜守，朝夕不懈，時刻用功，何患大丹不結，女仙不成者哉？

此乃女修第一步工夫，果能行到極玄極妙地位，以後工夫，皆從此前進。學者勉之。

攖寧按 當氣機從泥丸下降時，既曰「微以意引之」，又曰「不可用意」，究竟用意乎？不用意乎？蓋此時動作，是在有意與無意之間。因要順其自然，故曰「不可用意」；又不能置之不理，故曰「以意引之」。

第二則 九轉鍊形

前略。鍊形者，是謂調攝之義。血液陰陽，凝居於下，藏於血海胞裏，化於五蘊山頭，灌溉一身，榮養百脈，循環不已，游溢諸經，變爲渣滓之物，去而不用。直到二百四十刻漏三十時辰已周，那時鎔華復露，先天化形，留爲生人之用。此即所謂氣之清者上升於乳，氣之濁者下流爲瘀。生人生仙之機，實分於此。故女子之修鍊，預先認得清濁，方能鍊得真形。

夫形何以鍊？當其坐時，用神機運動，候口中液滿，微漱數遍，俟其清澄，然後用鼻引清氣，隨同玉液，嚥下重樓，入於絳宮，下降黄房，至關元血海而止。略一凝定，從血海運至尾閭，升上夾脊，透頂門逕入泥丸，仍從泥丸復行下降，至兩乳間而止。停聚良久，使津化爲氣，是爲一轉。如是者三三轉，既畢，方用兩手運兩乳，回轉三十六。轉畢，以兩手捧至中間，輕輕運至血海而止，仍又依前運鍊。一番三轉，三番共得九轉。倘女子沉潛莊重，根深器厚者，行之不過百日，而形已鍊成，長生有路矣。從此再求上進，大丹可期。後略。

第三則　運用火符

前略。男子先鍊藥，後鍊形；女子先鍊形，後鍊藥。因其體相攸分，故前後工夫差別。學道女子，照依前段口訣，用心行持，若行到丹田血海之中，氣機温煖，自然有清氣一縷，上衝心舍，直至兩乳。此時切不可動念，仍舊行工運轉，自然復行下降，仍舊歸於血海。

斯時氣機已動，真氣已生，赤血之陰，變爲白氣之陽，若不用火行符，其氣仍然化爲赤血，白者復變爲紅，枉費工夫。到此時，當用真火以鍊之，又用真符以應之，符到火足，其氣必凝。當此氣凝之候，別有景象，倘不分明講出，恐用火符差失，有壞丹元。修士至此，切宜細心熟記，毋自忘失。若此刻工夫一誤，不惟前功枉費，後功難修，而且有傷身命，防有血崩之患。

學者要記清楚，當其氣歸血海之時，此氣雖從血中化出，並非是血。如人出外，變相歸家，即家人婦子皆不能認識，安能如前日之相投？故其下降時，血海之中，必如魚吸水一般。斯時四肢若醉，其快樂如夫婦交媾，有莫能自禁之勢。**攖寧按** 有人說此時身中快樂之感覺，勝過男女之事若干倍。因爲某種女子，生性冷淡，又遇男子身體虛弱者，臨時在女子方面，毫無快感。而修道做工夫的女子則不然，雖獨自一身，清心寡慾，在靜室中打坐，果能如法將自己身內之陰陽配合調和，入於至玄至妙之境，即有特別之景象發現，其快樂不可用言語形容。至於男子做清靜工夫者，雖有時身中亦發現快樂之景象，但比較女子快樂之程度，僅得其十之二三而已。此則關乎男女生理上之不同，非人力所能强爲也。到此地位，必須拏定主宰，切不可放縱。一念凝守中宮，停聚良久，他自然向上衝關，升入泥丸，化爲玉液，以意引下重樓，還至兩乳間而止，用凝氣法以混合之，使其聚而不散。久久行之，自能達本還原，以通胎息。若胎息既通，則仙道可計日而至。女真修士，當共勉之。

第四則　默運胎息

前略。女真修鍊者，果能照前口訣，盡心行持，自然真氣日生，血化爲液，自兩乳中間，流通百脈，潤澤周身。此液是血化成，必須常用內運元和之氣以溫養之，方能鎮靜中田，以爲超生之本。

何謂內運元和之氣？蓋呼吸由中而生，亦由中而定也。女真修鍊，既得玉液，須運用此氣以凝之，其液方無走失，並可倚此而結成還丹。當其內運之時，其勢不著於口鼻，而又不離於口鼻，雖有呼吸之名，實無呼吸之相。何也？是借呼吸以爲呼吸之義也。蓋口鼻之呼吸，乃後天呼吸；內運之呼吸，是先天呼吸。此時注重先天，不注重後天。先天呼吸，有名無形，隨後天口鼻之呼吸，一出一入，自然升降，久久行之，則息息歸根，呼吸之氣，不由於口鼻，而胎息已成，仙道不遠矣。

攖寧按　此段工夫，原文就未曾說得明白，余恐後學不易了解，遂力求淺顯，將原文刪改大半，比較容易明了。至其細微曲折，要在爲師者口傳面授，並要學人心領神悟，在自己身中實地證驗。功深日久，水到渠成，果能一旦豁然貫通，自然暗合道妙，固不必拘拘於文字之間矣。

第五則　廣立功行

女子果能潛修至道，已經鍊得玉液還丹，認得先天面目，又兼保得住胎息工夫，至此必須借外行以培植道本，方纔外無所虧，而內有所助。所以事奉翁姑，宜盡孝思；與人應接，當存忠厚；矜孤恤寡，救苦濟貧；尊敬師長，和睦鄉鄰。舉動勿輕浮，言語勿傲慢，一切行爲皆歸理法之中，自然氣質冲和，不求功行而功行自立。**攖寧按**　此篇删去大半，僅此已足。

第六則　志堅行持

女真修士，若能得明師，知口訣，敦品行，矢志用功，恒久不怠，則神仙指日可成。然女子之性情，易漓易變，遇有不如意事，難保不頓改初心，或爲歧途所引，妄起偏僻之見，致令前功盡棄，孽海沉淪，嗟何及矣！

世間傳道者雖多，而得其真傳者蓋鮮，往往自誤誤人。今於女丹口訣，顯明指示，以度有緣。所望跳出迷津，得登彼岸，使黃泉無碎玉之魂，紅粉得駐顏之術，長守不失，享樂無窮，豈不快哉？

誡規列後：第一誡，孝養翁姑；第二誡，端方正直；第三誡，謹愼言語；第四誡，小心行持；第五誡，尊師重道；第六誡，立志不變。

攖寧按　原文删除五分之四，因其無關重要。至於誡規六條，雖每條皆附有解釋，亦未錄，因其大意已明。

第七則　調養元神

女子之功，比男子便捷。女丹從養真至胎息，其工夫已做完大半，不若男工有許多作用，方能得到調神地步。所以女丹法從養真至胎息工畢，便接錄外行工修，俟其外行有餘，即可鍊調神一段工夫。蓋因其前日運鍊之時，已將血化爲氣，此氣便可化神。到此時候，若不陶冶性情，輔助以外行，恐將來凝之不住，反致前功盡棄。必須依照誡規，嚴遵法度，將心地磨鍊成一塊水晶相似。鍊而復鍊，磨而復磨，直至内外潔白，表裏玲瓏，體相皆空，纖塵不染。行到此地，自有一片清靈善化之機，照映在腔子裏。入定之際，不食不飲，不動不言，此時必須用人保護，不可受驚駭，恐傷神着魔，爲害不淺。女修至此，當留心注意，毋致差失，日夜要人看守。若見他氣息俱無，顏色不改，或一二日，或五七日，或十餘日，皆不可驚動。待他鼻息微微，神光半露，方可低聲呼之。倘彼出定之後，飲食衣服，隨意所適，同志伴侶，必須刻刻提防，直養到出神以後，方免危險。

第八則　移神出殼

女丹之道，從陰返陽，陽極而神全，直鍊至身若冰壺，神如秋水，但亦不可使之久留身中。故瓜熟自落，神圓則遷。此時宜用出神之法，將神移出身外。然不可出之太遠，且初出時間亦不宜過久，恐神迷而無所歸。宜將所出之神回轉於肉體之内，一出一入，由近及遠。切記不可放縱，必俟調養老成，方可任其去來。純熟之後，自無畏避。

然出神之工，又當詳論。夫陽神未出之前，其性至靜，其工仍同養真規矩，直待神圓方止。若陽神既出而後，其性屬動，便不似前段功修，當用逸神之法，使其神靈通活潑而無障礙，或遊山玩水，或隨緣顯化，遇有機會，便立功行。苟能行滿功圓，自有飛昇之一日。JP

第九則　待度飛昇

女丹修成，養就純陽之體，擺脱拘束，出没自由。務宜廣行功德，多種善根，切不可因其神出逍遥，便將道果置之度外。多言洩造物之奇，邪僻失天理之正，種種妄爲，定遭譴責。只宜暗施法力，護國救民，待到功行圓滿，自有上聖高真前來度脱飛昇。上朝金闕，膺受敕封，永住天宮，無邊快樂。

但女真何故必須待度？ 蓋因其本爲弱質，幸得內功修鍊，以成陽體，而陰凝之質尚未消盡，缺少還虛一段運用，未能盡天地之妙化，所以不得超昇世外者，悉由體相之不堅也。不若男子之體，鍊成金剛不壞之身，還虛功成，神光充滿天地，故不必待度，而可以了道成真，親朝上帝，遊晏蓬萊也。後略。

攖寧按　此條理論，余不敢贊同，姑存其說而已。 女子果能有大智慧，具大力量，得大解脫者，則於百尺竿頭，更進一步，色空不二，人我兩忘，本性光明，直超無始，方知塵世天宮，苦樂平等，男女陰陽，異名同出。 十方三界，不離玄牝之門； 仙佛衆生，皆貴求食於母。 到此尚有何待飛昇之可言耶？ 「異名同出」，「玄牝之門」，「求食於母」，這三句見於老子道德經。 其中含有深義。

第十則　了道成真

夫修行所貴者，在於轉凡軀而成聖體。 不然者，猶如井底之蛙耳，終是孽海中物，焉能脫輪迴而超劫運乎？ 世間女子，果能有一塵不染之心，百折不回之氣，依師口訣，日夜潛修，亦不過三五載功程，便證上乘果位，人又何憚而不爲哉？ 此條刪改大半，因其純是空言。

附錄：坤訣

清靜元君孫不二 著　濟一子傅金銓 校訂

真傳有訣，真傳有訣。

夫女子秉坤柔之德，而真陰之中具有真陽，修鍊較易。其訣俱在有著力。有者無之始，從有至無，即是真陽之位。此二句雖重在命功，却合性命而言，乃坤道第一大關鍵。上句要於有中還無，下句要於無中生有。

庚甲須知，學庸詳說。

庚甲申明命功入手處。庚者，金也，虎也；甲者，木也，龍也。庚金爲修鍊之本，甲木常畏其尅，而尅中反有生機。鍊丹家最喜死中求活，故庚虎既降，甲龍即興，一降一興，生殺之機已伏，顛倒之理彌真。知此生殺顛倒之時，用法斬龍之頭，牽虎之尾，使龍不興雲，虎不招風，風雲息而天清月皎，龍虎降而性合情投，歸爐起鍊，立結黍珠。保命之法，莫妙於此。「知」字，有潛心守視之意。風欲來即須擒虎，雨將降乃可斬龍，不先不後，及時斬取，方可鍛鍊。不明理，又無以學道也。從經學參入，方不落空；於學、庸下得轉語，斯爲見道。

易理宜參，性宗須徹。性命雙修，陰陽相接。

丹道統於易中。彖曰：「至哉坤元，萬物資生。」坤屬老陰，陰極陽生，順承乎天則生人生物，順承乎己則成道成真。細究坤之真陽發於何處，即知吾身真一產於何方。求得此一，固得此一，命寶乃全。性功爲入道之始終，於性不徹，此寶未能常住。必如秋月澄潭，纖塵不染，無始之始既已了然，不空之空咸歸自在，斯性命雙修，陰陽相接矣。

教人熟辨有無，莫負一腔熱血。

陰陽即有無，要於藏經中留心三日，則真陽之來，真陰之往，俱已井然。來龍之頭可斷，去虎之尾能留，二炁相交，絪緼和洽，方成法體。不然徒費心血，又何能修鍊耶？

機在目前，氣由此拔，上有天谷，下有泉穴，認定二處，不宜差別。

臨機切要，惟是以目始意，以意始氣，以氣凝神，以神鍊真，通天達地，無往不靈。苟或天谷不熱，氣不上升，湧泉不熱，氣不下行，必須意目注視，上下其力以引之，認定二穴，不可少有差錯。子午行功，久久純熟，再行烹鍊。

應時須悟參修，自有黃芽白雪。原本無註解。

攖寧按 黃芽白雪，本是外丹之專名，今用作內丹之比喻，於此吾有不能已於言者。攷浮黎鼻祖金藥秘訣第七章云「紫粉如霜，黃芽滿室」，許真君石函記藥母論云「一鼎丹砂可服食，久服回陽能換骨；回陽換骨作神仙，須是神符並白雪。大哉神符真白雪，返魂再活生徐甲」，又石函記神室圓明論云「顆顆粒粒真珠紅，紅英紫脈生金公；金公水土相並合，鍊就黃芽成白雪。紫砂紅粉亂飄飄，亂飄飄兮青龍膏；紅粉少，白虎老，鍊就龍膏並虎腦，長生殿上如意寶。點金萬兩何足道，能點衰翁永不老」。試觀以上所言，紅英紫脈、黃芽白雪、紅粉紫砂這些名詞，都是外丹爐火中所鍊出來的實質實物，實有這種形狀，可以看在眼裏，可以拏在手中，可以吞入腹內，故叫作金丹。後世修鍊家不得其真傳，或者雖得其真傳又守秘密，不敢公開，遂一變將吾人肉體上之精氣神團結不散者名爲金丹，已是不合古神仙之法度，然而尚有跡象可求；　再後第二變又將佛教所用的名詞如真如圓覺、涅槃妙心，儒家所用的名詞如無極太極、天理良知等類，一概附會上去，都名爲金丹。於是後世學仙者，遂墮入五里霧中，弄得莫明其妙，可謂愈趨越下矣。點汞成金之術，中國人不肯公開，遂致失傳，反而被外國人發明出來；　長生不老之藥，中國人不敢自己承認，將來又要被外國人捷足先登。以五千年開化最古之國家，四百兆文明之種族，竟至數典忘祖，道失而求諸異邦，可勝慨哉！

民國二十四年（一九三五年）八月翼化堂善書局初版

竹陽女史顏澤寰晏清　纂述
仙井女史賀爲烈全貞　參校
皖江陳攖寧　重校訂

男女丹工異同辨

讀者須知

一，此書作於光緒癸卯歲，即民國紀元前八年。

二，作者乃一終身不嫁之女子，事母甚孝，母則守節，女則守貞。母女二人皆好道，奈無師授，只得於各家道書中搜尋口訣。承母命，遂集此書，皆雜抄他種丹經而來，非其自作。

三，所抄各書，有善者，有不善者，故其理論偶有矛盾，而文辭亦頗嫌冗煩。雖稍加以刪改，然不能不存其本意，學者當用自己智慧分別觀之。

四，書中如「清烈古佛」「玄天上帝」「金沙古佛」「瑤池王母」「圓明道姥」一類的稱呼，皆是他種書上假託之名，當此破除迷信時代，本不應再用此等名稱，但因原書已有，故仍其舊。

五，書中謂女丹修成，必用待度，此段理論，不甚圓滿。蓋因昔日重男輕女之習慣使然。世界各種宗教制度，多數是男女不能平等，亦非獨中國如是，惟賴女界有傑出之材，方能破此成例耳。

六，書中金沙古佛一段議論，他說：「有謂赤龍不斬，而丹不得結，道不得成。不知血盡而氣亦盡矣，如男子之精敗，而丹亦難成，其理一也。蓋男精女血，多不可絕，氣離血而氣無由生，血化氣而精始流通。如謂血盡乃可鍊丹，何以青年血枯而病反起？此終不離血之一證也。」今按：斬赤龍即是用工夫把月經鍊斷，不是女子血枯。若說斬赤龍就是血絕、血盡、血枯，豈非變成乾血癆的症候麼？假使女子真有此病，必須要用特別工夫，並醫藥方法，令月經回復原狀，每月按時而至，與普通健康身體無異，然後再依斬龍口訣，慢慢將他鍊斷，此乃一定之規則。這位先生，把斬赤龍的效驗，同乾血癆病一樣看待，真可謂大大錯誤。

七，男女修鍊下手方法之不同，就是因爲生理上的關係，女子若要入道，必須先能明了普通醫學知識，然後再做工夫，庶不至於弄錯門路。自古學仙之士，未有不學醫者，這是實在的憑據，非空講玄理、高談心性者所能比擬。

八，不論男女，若本身無生凡胎之能力者，决不會有結仙胎之希望，生人與成仙，其理原無二致，惟在順逆之分而已。斬赤龍者，乃逆行造化也。倘自己身中無造化之生機，誤認月經斷絕即可以成仙，則彼年齡已過五十之婦女，月經將呈自然斷絕之狀態，豈非個個都有仙人資格乎？若謂年老者又當別論，然現代青年女子，亦有請醫生用手術將子宮卵巢割去者，其月經亦自然斷絕，遂能稱爲斬赤龍乎？此中消息，不能不深究也。

中華民國二十四年十月黄帝紀元四千六百三十二年皖江陳攖寧識

男女丹工異同辨序

澤寰少孤，母守節乏嗣，膝下惟余等姊妹三人。未幾，二妹殤，三妹亦字人待嫁。澤寰不忍母之孀居寂苦也，立志守貞奉母，誓不出閣。年十二，即隨母持齋，互以勸善歌文自娛。每羨善書中言修行之美，仙佛之貴，憾無明師指點訣竅，復無丹經印證身心。默叩天緣，幾歷十載。忽值庚子夏京都之變，奉母預避峨山，始知佛門中言女修者有摩邪夫人經、摩登伽女經、寄孤長者女經、比丘尼傳、善女人傳、海南一勺編。嗣又得摩尼燭坤集一部，約七十餘種，係如山之夫人名善一優婆夷者所集也。但釋藏深邃，詳性略命，非初機所能應手。若夫玄門中言女丹者，往往附諸道藏中，無次序，無專書。望海汪洋，無任於邑，不揣陋劣，割裂聖經，彙集女丹約百餘紙，與母演說，一消寂悶，一勵潛修。承歡之餘，又遵母命，於所集女丹中，提出男女異同之處，另抄一册，約五千餘言，題曰男女丹工異同辨，置諸座右，以免工法混淆，身罹奇疾。牙慧之誚，知不免焉，若公同好，則吾豈敢？

光緒癸卯春竹陽女史顏澤寰晏清自記

男女丹工異同辨

竹陽女史顏澤寰晏清　纂述
仙井女史賀爲烈全貞　參校
皖江陳攖寧　重校訂

集說

孫元君坤訣註曰

彖曰：「至哉坤元，萬物資生。」坤屬老陰，陰極陽生，順承乎天則生人生物，順承乎己則成道成真。

清烈古佛曰

凡男子修行，皆從初工運鍊，築基起手。若是女子修行，與男子不同。男子陽從下洩，女子陽從上升；男子體剛，女子體柔。男子丹田陽精，常常保守，不致外洩，積之既久，用火煅鍊，使精化爲氣，氣化爲神，神化爲虛，由漸而進，工完，了道飛昇。若女子則不同，女子仍是陰濁之體，血液之軀，用乳房靈脂變化氣質，久久運鍊，自然赤反爲白，血化爲氣。血既化氣，仍用火符煅鍊，亦能氣反純陽，了道歸真。

女子初工，先鍊形質，後鍊本元。不似男子之工，先鍊本元，後鍊形質。其體各殊，其工自異。若不分門立教，何以能造化陰陽，男女共濟也。然形既爲我有，何必用鍊？蓋女子之體，原屬陰濁，不若男子之體，實秉陽剛，苟不陶鍊，不能使血化爲氣，如何孕得出先天，產得出真氣？若不得真氣，仍然一片純陰，又焉能得還丹而成大道？故女子之形，必先鍊而後可。

女真之道，原與男子之工大不相同。男子之道貴在鍊藥，是以前段工夫，逐一講明，果能旦夕行之，虔心進步，使身中五臟之血皆返爲氣，自然化生。若真氣潛生，將陰濁之體變爲純陽，工夫至此，方能用火行符，纔與男子同等。若不分門別類，其工焉能有濟？故男子先鍊藥後鍊形，女子先鍊形後鍊藥。因其體相攸分，故前後工夫差別。吾今立法教人，不得不分明指示，方使學者無虧。

女丹修法，其理原本不繁，當其運鍊，亦自不難。諸丹經內，所以不傳女子修鍊者，蓋因其未能男女雙渡故也。吾今垂法教人，實願男女雙渡，故此於丹書後編，接列女道十則，以渡有緣之輩。

何以女丹之道至簡不繁？女子之性純全，女子之身安靖，但得一點工夫，便能徹底造就。不似男子之念頗多偏僻，故其身心所向不同，女子之工比男子便捷些。

女丹從養真至胎息，其工已得三分之二。不若男子之工，便有許多作用，方能到得調神地步。所以女道丹書，從養胎直至胎息，工畢，便接錄外行工修，俟其外行有餘，方可鍊調神一段。

女真修成，何以必用待度？因其血弱之軀，假內工修鍊以成陽體。體雖成陽，而陰凝之性，尚未鍊盡，故女子工夫少還虛一段運用，未能盡天地之妙化，所以不得超昇世外者，悉由體相之不堅故也。不若男子之體，已鍊成金剛不壞之身，還虛之工養成，神光充滿天地，故不用待度而可了道成真，親朝上帝，遊晏蓬萊。若女子則不然。女丹修成，務必廣行功德。倘功德行滿，上聖見而憐之，保奏上帝，方得敕旨下頒，金書選詔，證得人天無上道果，否則就成一個散仙而已。

呂祖曰

太陰鍊形，與男子修鍊之法，大同小異。初工下手，是謂斬赤龍。其後十月工夫，陽神出現，粉碎虛空，一路修真，與男子同，無彼此之別也。

綏山道士曰

赤龍自斬，乳頭自縮，如男子一般，而真陰之氣化爲真陽。以後用工，與男子無異。但女屬靜體，後四層雖與男丹同其運用，而其建功更速矣。

呂祖曰

男子修行降白虎，女子修行斬赤龍。

三命篇曰

男子之命在丹田，丹田者，生丹之真土也。女命在乳房，乳房者，母氣之木精也。又云：「女子以血爲腎，乃空竅焉。過四十九歲，腰乾血涸，無生機矣。養而久之，又生血元，似處子焉。此乃無中生有之妙也。見其有之，一斬即化，而命生矣。此時則用性命工夫，與男子同也。」

懶道人曰

女命何以有三？謂上、中、下也。上者陽穴，中者黃房，下者丹田。少則從上，衰則從中，成方從下耳。又女子内陽外陰，先須斬赤龍以全其體，則坎化爲乾矣。然後用男子之工修之，一年即得，以金丹在其中故也。

修真辨難曰

或問：「男女下手處，分別如何？」答曰：「男子下手，以鍊氣爲要；女子下手，以鍊形爲要。鍊氣者，伏其氣也，伏氣務期其氣回，氣回則虛極靜篤，歸根復命，而白虎降；鍊形者，隱其形也，隱形務期其滅形，形滅則四大入空，剝爛肢體，而赤脈斬。男子白虎降，則變爲童體，而後天之精自不洩漏，可以結丹，可以延年；女子赤龍斬，亦變爲童體，而陰濁之血自不下行，可以出死，可以入生。故男子修鍊曰太陽鍊氣，女子修鍊曰太陰鍊形。」又問：「女子鍊形，不伏氣乎？」答曰：「女子性陰，其氣易伏，而赤脈最能害道，其所重者在此，故下手則在着重處用力。赤脈一斬，氣自馴順。非若男子性陽，其氣難伏。譬如男子伏氣要三年，女子一年可伏。果是女中丈夫，得師口訣，行太陰鍊形法，三五年間，即可成道，比男子省力。但女中丈夫，最不易得，剛烈須過於男子百倍之力者，方能濟事。若與男子等力者，萬萬不能。」又問：「大道不分男女，何以男女有分別？」答曰：「其道則同，其用則異。蓋以秉性不同，形體有別，故同一性命之道，而行持大有不同也。」

玄天上帝曰

易曰「乾父坤母」，陰陽之義，昭昭可攷。有天地然後有男女，則陰陽之道又不言而喻，是天地之不可無男女明矣。男受乾坤之變化而成其象，女亦秉乾坤之交泰而有其形。凡具茲形象者，皆具乾坤之炁，而同列於宇宙之間耳。今當慈航普渡之際，寶筏共撐之時，男則教亦多術，豈能捨坤維而不顧哉？凡丹經指男之玄微奧妙者，汗牛充棟；度女之法範典型者，寥寥無幾。吾切發悲而獨論之。

男體以精中之炁而貫些子，女子以血中之炁而薰些子。些子足而蓮竅足，蓮竅足而抽添始運，抽添運而始有甘露下降。男子之精，其炁充足；女子之血，其炁甚微。故名之曰男陽而女陰也。修吾道者，絕七情爲本，斷六欲爲先，則微微之炁，又較勝於男子者多矣。何也？男子之心易動，女子之念略靜；動則炁易洩，靜則炁易長。男子之七蓮易收難放，女子之七蓮易放難收，苟能真心不懈，不待三五年，而甘露常降，七蓮常開。開之易，豈有採取之不易哉？男女之辨，於此明矣。

若集中之言虛言空、言玄言妙、言神言化，則又男女之大同也。男子以胎名，女子不言胎，而單以息名者，恐後世之人錯認「胎」字，卒受誣名耳。再者，男子之神出，必至純至陽，而始有脱殼之機，因陽中含陰也；女子之神出，不同於男子，女子造到三陽之時，即可脱化百里之遥，造至純老二陽之會，則一出永出，斷無夭折之患也。蓋男子陽中含陰，女子陰中含陽；男子陰在内而陽在外，女子陰在外而陽在内。陽勝則諸陰易退。吾今不惜真脈，道破於斯，無非切望早成真志之多耳。

金沙古佛曰

以大處而論，百脈皆由無極分形；以細密而言，又屬無形無象，却原萬化盡包。男女皆同此至寶，只分血精兩條。男精逆行而成仙，女血直騰歸心竅，故而各有各法，各有各照。

男丹由精化炁、炁化神、神化虛，虛極靜篤，而丹自結矣；女丹由血化炁、炁化神、神化虛，虛無自然，而丹自成矣。有謂赤龍不斬，而丹不得結、道不得成者，不知血盡而氣亦盡矣。如男子之精敗，而丹亦難成，其理一也。蓋男精女血，多不可絕，氣離血而氣無由生，血化氣而精始流通。如謂血盡而乃言鍊丹，何以青年血枯而病反起？此終不離血之一證也。

瑤池王母曰

女子工夫，與男相兼。只分地步，地本非玄。一切妙化，俱不異男。爾等切悟，書中載全。毫不差錯，各自修潛。

圓明道姆曰

吾今與點破，以免受冤孽；分配陰陽路，男女指一節。男有此祖炁，分配在精血；女之祖炁合，陰從血海說。男有此陽關，順逆不須惑；女有北海地，波搖似水迫。

白蓮真人曰

男女金丹地不同，陰陽一理實相通；清心寡慾爲根本，築基先要斬赤龍。

無心子曰

男子精液陽中陰，女子精液陰中陽；快尋明師求指破，返老還童在故鄉。七日天心如可復，此是上乘一妙着；以後便同男子功，般般口訣要師說。

呂祖曰

婦人修鍊，如男子一樣，難得者是皎潔。須知婦人之慾過於男子，或到經水已過之後，其心如蓮之初放，乘天之雨露，纔結其實。婦人若無男子，則孤陰矣。

貞一子曰

大道不問男女，皆能有成，故男子道成爲真人，女子道成爲元君。自來丹經言男子修鍊之功，至詳且悉，女子修鍊之道，多不論及。間有論及此者，不過略露一般。非薄女修也，推其意，以爲人同此性命，即同一功夫，言男修，而女子之功不煩言解矣。不知男子外陽內陰，女子外陰內陽，秉性不同，形骸各別，雖同一性命，其行持大有不同者。修真辨難曰「男子下手以鍊氣爲要，女子下手以鍊形爲要」，許祖曰「男子修成不漏精，女子修成不漏經」。其初關迥然各別，至鍊己得藥、還丹温養、結胎出神諸事，雖與男子同，而細微節次，未嘗無大同小異之殊。

壬辰春，適有坤女問道，僕教以多看古書，證其所授。而丹經言女修者獨少，難以攷證異同。爰不恤洩漏天機之罪，因將其所以同者何如，所以異者何如，並逐節次第，形於楮墨，以爲問津程途。俾得尋文釋義，不致魚目混珠，果能深知力行，庶幾可成無上至道。

而瑤池之會，不難與男仙同謁木公、共朝金母矣。

天陽地陰，乾剛坤順，陰無陽不長，陽無陰不生，剛柔得其中和，水火始能既濟，陰陽必有匹偶，人物由茲孕生，是乾坤皆秉真元之氣，男女各具不死之身。乾曰大生，可以道成正覺；坤曰廣生，亦能果證元君。如謂坤陰難入仙道，何以王母長處崑崙？蟾娥竊梁間之丹，永作月宮皇后；逍遙讀漆園之書，自號瑤池謫仙。洛神巫女，自古維昭；紫姑湘妃，於今爲烈。跡載史篇，固可攷也。身秉坤德，豈不能乎？

女子原來命有三，紫白黃光不似男；少上衰中成在下，關頭一錯要深諳。

炁穴即血元也，即乳房也，在中一寸三分，非兩乳也。男命即在丹田，故以下田爲炁穴；女命在乳房，故以乳房爲炁穴。陰極變陽，從炁穴化陰血而流形於外，故斬赤龍須從陰生之處用工，久久行持，形自隱矣。若以男子臍下一寸三分中之炁穴指之，則誤矣。

許祖云：「男子修成不漏精，女子修成不漏經。」蓋女子之經，爲生人之始信，經返成氣，則乳縮如男子，而經自不漏。若男子則鍊精化炁，陰根縮如童子，而精自不漏。不漏而後命可延。又云：「女子修到經不漏，其後性命工夫，與男子之功，大同小異，患無人以訣破其妙耳！」

柔人行道，與剛人不同，而其成功比剛人亦易。剛人伏氣三年，柔人一年可伏，以丹在身中故也。

孫不二元君曰

男女本一氣，清濁動靜異；女人欲修真，切使真元聚。陰中有元陽，存清勿以棄；明此色與欲，本來無所累。屏除貪嗔癡，割斷憂思慮；去濁修清性，不墮諸惡趣。靜寂守無爲，我即男子具；無無無其形，有有有其意。內視色聲空，絲毫無沾滯；仗土爲坤基，一陽本自地。鉛汞固不同，炁神無二義；渺渺空靈心，心神能爲制。一炁反春和，飛出雲霄去；偕汝太清遊，是曰真如偈。

夫乾道動，坤道靜，欲修性命，務須從靜。汝今原靜，又何以修？坤道濁，乾道清，欲修性命，務須求清。惟能以濁修清，是以入道證果。

長生胎元神用經曰

成功之後，男子關元炁聚精，女人胎澤不結嬰，雖動於慾，不能與神爭。此是成胎之中真精返爲神，此是上清也。

民國二十四年（一九三五年）十月翼化堂善書局初版

女丹詩集

陳攖寧　校訂

讀者須知

一，女丹詩集行世者，共有三種刻本：一爲單行本；二爲一貫真機易簡錄中附刻本；三爲女丹合編彙刻本。詳略既已互異，而排列次序亦不相同。孫不二詩，僅易簡錄本採入，他本無之。又西池集跋語一篇，僅合編本有此，他本則未見。在單行本內，西池集屬後編，而合編本又以積善堂詩作後編，而西池集則另爲一編在前。易簡錄本乃無積善堂詩，且題名爲女金丹，而不名女丹詩集。今從其善者，並爲之校正一百八十餘字。

二，某詩是否真屬於某人手筆，頗不易言。古來做道書者，每喜託名，無從根究。況且此等攷據學，對於修鍊上，亦非必要。

三，各家著作，雖名爲詩，而其本意，不在做詩，切勿拏文學家的眼光去評論他的優劣。原文拙陋處，雖經過幾次校正，然遇有萬不可改，一改則失其本意者，只得仍舊。況且吾國婦女界讀書識字者甚少，長於詩文者更少，我輩視爲俗而淺者，伊等或畏其雅而深。出世間法，重在普渡，不能專爲迎合幾位文學家心理，而置多數人於教化之外，幸諒作者之苦衷。

四，積善堂詩，本是傳道之人所作，偏要託名於某佛、某真人、某古母等類，計有十六位之多，今則删去。另於每首之前，加四字題目，以便讀者。原本有小字註解，今仍之。

五，西池集中回春子註，大半是參禪打機鋒的腔調，對於命功，固毫無關係，即說是性功，亦用不着這許多嚕囌。呂祖全書中何嘗見此等話頭？真可謂寃煞呂祖。惟因其尚有一二句透徹處，故未加以删削，讀者當分別觀之。

六，積善堂詩中，如觀音妙法、念彌陀法、六字經法等類，皆借用佛家之名字，默運道家之工夫，決不是叫人信仰佛教，更不是勸人死後生西方，讀者請勿誤會。普通婦女，學問欠缺，若義理高深，恐其難於領悟，故就彼所知者以啟導之耳。知識階級，當然無需乎此。

七，補編貞一子女丹口訣詩廿四首，原本無此，乃余由別種道書中選入此集，並爲之校正一百一十字，頗有研究之價值，請讀者勿忽略過去。

中華民國二十四年十二月黄帝紀元四千六百三十二年皖江陳攖寧作此代序

女丹詩集前編

濟一子金谿傅金銓　彙集　皖江陳攖寧　重校訂

吴采鸞仙姑　詩三首並事略

采鸞，吴猛女也。猛仕吴，爲西安令，至人丁義授以道術，猛授南昌許遜。遜爲旌陽令，聞丹陽諶母有道，同往訪之。母以道妙授遜，遜請並授猛，母不許，命轉授之。鸞師事丁義女秀英，道成，隨父上昇。

心如一片玉壺冰，未許紅塵半點侵；　擊碎玉壺空色相，瑶臺直上最高層。

寵辱無稽何用爭，浮雲不礙月光明；　任呼牛馬俱堪應，肯放纖埃入意城。

身居城市性居山，傀儡場中事等閒；　一座須彌藏芥子，大千文字總堪删。

樊雲翹仙姑　詩六首並事略

樊雲翹，劉綱妻也，二人俱有道術，能檄召鬼神，禁制變化。潛修密證，人不能知。劉綱爲令，尚清靜簡易，民受其惠，年歲大豐，遠近忻仰。樊暇日常與綱較法。綱作火燒客碓舍，火從東起，夫人布雨從西來禁之；庭中桃兩枝，綱咒一枝落籬外，夫人咒入篋中；綱唾盤中成魚，夫人唾爲獺食之；一日與綱入四明山，路值虎，綱禁之，虎伏而號，夫人薄而觀之，虎不敢仰視，擒歸，繫床側。將昇之日，縣廳側有大皂莢樹，綱由樹頂飛舉，夫人平坐床上，冉冉如雲之騰，遂同昇天。後再顯於藍橋舟中，詔裴航入道，以妹雲英妻之，共成仙侶焉。

乾象剛兮坤德柔，工夫先向定中求；瀓清一勺瑶池水，明月何須七寶修。

龍虎猿馬費牢籠，略放飛騰業障蒙；至寂如如真妙法，擒來化作一天風。

養性還須先靜心，何勞乞巧更穿針；鐵牛牽得隨身轉，方顯無邊慧業深。

幾人拜禱學長生，誰識元神徹底清；粉碎虛空渾自在，摩尼舍利總虛名。

一間金屋住雙姝，雖有儀秦意不孚；若得月中生個日，驪龍吐出夜光珠。

愛河波浪起層層，濃則沉兮淡則升；鼓楫若能施勇斷，蓬萊弱水豈難憑。

月華君崔少玄 詩六首並事略

崔少玄，唐季時汾州刺史崔恭少女，生而端麗，幼即聰慧，及笄，歸盧陲，十年苦功，二十四歲成道。陲官閩嶠，過建溪武夷山，雲中見紫霄元君、扶桑夫人，問陲曰：「月華君來乎？」陲怪之，以問崔。崔云：「吾昔爲玉皇左侍書，號月華君，以宿緣謫爲君妻。」盧後罷官，家洛陽，崔將仙去，留書遺陲曰：「得之一元，匪受自天。太老之真，無上之仙。光含影藏，形於自然。真安匪求，人之久留。淑美其真，體性剛柔。丹霄碧天，上聖之儔。百歲之後，空餘故邱。」書畢而化。

初三纔見影如娥，相對陽光皎潔多；要得絪縕凝玉夜，先探消息捉金波。

性宗明處命基堅，九轉河車九鼎全；金虎玉龍相會合，三花捧出小神仙。

心如止水自悠悠，常寂常惺好進修；養得烏肥培兔瘦，靈芝秀出碧峯頭。

地下須知亦有天，專心求己即求仙；一朝悟徹陰陽旨，惟在生生一氣先。

黑髮朱顏曾幾時，倏驚雙鬢白如絲；開簾瞥見梅花發，一段春光莫放遲。

不求外護不參禪，眼底滄桑任變遷；丹徑須知從直上，玄珠只在我胸前。

唐廣真真人 詩四首並事略

唐廣真，嚴州人，事母至孝。既嫁，得血疾，夢道人與藥而愈，自是好道。虔奉何仙姑，感得仙姑現身，親授元妙。宋淳熙中，有三仙引至海邊，跨大蝦蟆渡海，隨遊名山。仙問曰：「汝欲超凡入聖耶？留形住世耶？棄骨成仙耶？」對曰：「有母在，願奉終養。」仙遂賜丹一粒吞之，遂不穀食。後召入德壽宮，封「寂靜凝神真人」。

玄機覿面費搜尋，著眼方知至理深；性學難將文字指，業緣了當見真心。

心性原來最易明，但看峯頂暮雲晴；東西南北皆如意，任爾蓬山碧海行。

不識性兮不識命，剖破乾坤分兩途；一朝相合成丹後，醉倒壺中不用扶。

無嗔無喜氣和醺，應事隨機風逐雲；虎伏龍馴觀妙化，漫天飛雪白紛紛。

玄靜散人周元君 詩五首並事略

玄靜散人，姓周氏，寧海東牟王處一之母也。金熙宗皇統二年有孕，夜夢紅霞繞身，驚覺遂生處一。處一幼即穎悟，嘗遊山中，遇老人坐大石，謂之曰：「子異日揚名帝闕，爲道教宗主。」遂摩頂而去。嘗作頌曰：「爭甚名？奪甚利？不如及早修心地。自家修證自前程，自家不作爲羣類。」大定八年，遇重陽祖師於全真庵，請爲弟子，奉母同修，各受大道。家貧力薄，苦志修持。後處一應名赴闕，奏封有云：「鏡明猶能鑑物，況天地之鑑，無幽不燭，何物可逃？」所謂天地之鑑，即自己靈明之妙也。於是大稱旨。章宗歎曰：「清明在躬，志氣如神，先生之謂也。」明年，母壽九秩，表乞侍養。一日，母謂處一曰「我歸期已至」，因示「不貪生，不懼死」之語而化。處一葬母畢，語門人曰：「羣真相約，吾去矣。」焚香沐浴而昇。

坤訣須從靜裏求，靜中却有動機留；若教空坐存枯想，虎走龍飛丹怎投？

一點靈臺磐石安，任他榮落態千般；陽光本是摩尼寶，個裏收藏結大丹。

心似曹溪一片秋，好從子午下功修；魚龍潑刺波還靜，只有長空月影留。

輕煙薄霧障空虛，却使靈明無處居；憎愛榮枯皆利刃，予如傷子怎尋予。按：第四句費解。

性命先須月窟參，擒龍撥虎莫遲延；　陽生之候真陽漏，黍米如何得保全。

清靜散人孫不二仙姑　詩五首並事略

孫仙姑，名不二，號清靜散人，馬丹陽之妻也。丹陽手垂過膝，額起三山，富而好道，嘗作詩云：「抱元守一是功夫，懶漢如今一也無；　終日啣杯暢神息，醉中却有那人扶。」眾莫曉其故。忽有道人自稱重陽子，來化丹陽與孫仙姑同入道。進瓜，從蔕食起，問之，曰：「甘向苦中求。」又問：「如何來？」曰：「不遠千里，特來扶醉人。」丹陽異之，夫婦師事甚謹，起全真庵於南園。數年後，重陽師挽丹陽西遊，居崑崙煙霞洞，孫仙姑獨留於家，勤修所傳，後年五十，復從風仙姑遊洛陽，六年道成，書頌云：「三千功滿超三界，跳出陰陽包裹外；　隱顯縱橫得自由，醉魂不復歸寧海。」書畢，跏趺而化。乘雲過崑崙，俯告丹陽曰：「余於蓬島待君。」於是丹陽即書頌曰：「長年六十一，在世無人識；　烈雷吼一聲，浩浩隨風逸。」遂擲筆上昇。**按** 崑崙煙霞洞，在別本作「昆侖山煙霞洞」，宜從「侖」字爲是。關於孫不二仙姑事跡，可參攷拙作孫不二女丹詩註，並五祖七真像傳，較爲詳明。

資生資始總陰陽，無極能開太極光；心鏡勤磨明似月，大千一粟任昂藏。

神氣須如夜氣清，從來至樂在無聲；幻中真處真中幻，且向銀盆弄化生。

蓬島還須結伴遊，一身難上碧巖頭；若將枯寂爲修鍊，弱水盈盈少便舟。**按** 此首頗有疑問，仁者見仁，智者見智。

養神惜氣似持盈，喜墜陽兮怒損陰；兩目内明馴虎尾，朦朦雙耳聽黄庭。

荆棘須教剗盡芽，性中自有妙蓮花；一朝忽現光明象，識得渠時便是他。

攖寧按 孫不二仙姑七言絕詩五首，四川刻本未錄，余參攷別種善本道書補錄之。此五首原名女功内丹，另有五言律詩十四首，原名坤道工夫次第，已見拙作孫不二女丹詩註中，故不重錄。

女丹詩集後編西池集

西池金母少女太真王夫人 著
孚佑帝君回春子 註
金谿傅金銓 校訂
皖江陳攖寧 重校

西池集序

蓋聞乾健統天，坤順得主。資生之道，含二氣以絪縕；交泰之和，統三才而埏埴。德言工貌，坤道云全，淑慎温柔，閫儀斯著。至於夙鍾靈氣，生具慧姿，錦織迴文，猶受連波之憎；艷霾同「埋」青冢，空歸夜月之魂。其他霧鬢雲鬟，沉迷苦海，啼香怨粉，填入火坑。五漏形骸，本是前生業障；三因不悟，又增今世冤愆。其間修短窮通，不能枚舉；妍媸愚智，何可勝言！總因世乏坤維，致使人難超劫，是以奏請太上敕命羣真，闡心性於詩篇，寄棒喝於轉語。既知寂靜，恐墮頑空；更有真傳，教渠下手。言言玉液，無非修身立命之功；字字金鍼，盡是縛虎牽龍之訣。果能誠心信仰，眼前即是玄洲；再加依法修持，鼎内便凝絳雪。與其牽纏世網，戀茲一息繁華；何如斬斷情關，佔却萬年道域？西池有路，度楫在茲，聊綴卮言，用申木鐸。

重陽子謹序

詠性功十八首

月正圓時映水明，乾坤大地總瑩瑩，雁飛斜過潭涵影，影滅依然徹底清。**按**　原詩第三四句爲「片雁斜過潭有影，移時明月映波清」，語意與首句重複，今改之。

回春子曰　巧機適合，寶相團圞，月照寒潭，光鋩四射。惟清乃澂，惟澂乃照，寂照圓通，覺靈自現。西來妙義，至大至圓，玄微活潑，東海珠還。咦！四海湯湯水接天，水天深處自逢源。

海蟾子曰　喜得同人註性詩，明心見性道成時；劉癡來與龍華會，醉向澂潭捉月遲。

靈陽子曰　此夕欣逢巧節，澂清要在斯時；月光皎潔印深池，真個天星倒置。不著離奇色相，豈因空境空之；一靈透出已前珠，魚目應知不是。**按**　「已前珠」三字，恐有錯誤。

長春子曰　心性非一物，性在心中見；　水月兩澂清，波光自不染。

靈臺深廣似澂江，源遠應知流自長；　任爾毒龍爭戲擾，豈如溝洫污泥揚。

回春子曰　清光如鑑，不須煅鍊；　一著揩磨，毒龍便現。咦！　没得說。西來妙義，只履攸歸。

磨不磷兮涅不緇，寵何可羨辱何辭？　靜中現個團圞月，始信斯人不是癡。

回春子曰　當頭一棒，領者去會；　會者顛頭，融通寂滅。

惡莫憎兮善莫誇，堅持吾性漫憑他；　地雷震動真如現，一任遨遊上海槎。

回春子曰　如何佛法？　乾矢一橛。霹靂一聲，不怕打殺。

濃雲密霧兩淒淒，遮却本來菩薩面；　不是清風淨掃除，蟾光怎得團圞現？

回春子曰　蒲團片晌，剎那一刻，翻個筋斗，菩薩出現。

性似澄潭水，心如大地平；草萊生即剗，風過碧波清。

回春子曰　性不離心，心空無物。草生用剗，下乘之法。

靈明一點本清虛，雲去雲來月自如；應事還同光暫晦，魄生依舊現明珠。

回春子曰　不曉參禪，那知拜佛？一拳打破，五指不撒。

心如野鳥最難馴，纔出籠時便要擒；莫使隨風任南北，恐罹弓繳墮深坑。**按**　原本第四句作「本來狼藉陷深坑」，今改之。

回春子曰　分明一個月，指早是個日；日月光天德，山河壯帝都。咄！誰識？

一點靈明一點金，隨風颺去窅沉沉。分明有個菩提種，性亂神昏何處尋？

回春子曰　穿衣吃飯，不知飽煖；心去空空，火中蓮現。

愁苗情種兩都捐，外若春温内鐵堅；順死逆生同一理，但於動靜却非然。**按**　第四句費解！

回春子曰　荆棘中不妨著脚，深潭内也易翻身。怕只怕，清風明月，坐對青山。

人生碌碌似浮萍，業海風波何日停？　要識本來真面目，勤從月下叩真人。

回春子曰　一盂一鉢，到處爲家；　撞着老參，舉杖便打。

渾淪元氣原無象，庚甲之間覺有形；　莫道有無難自辨，須知求己勝求人。

回春子曰　摩尼一粒，沙界難敵；　龍女獻珠，此際得識。咦！一個孩兒兩個娘，四門親家，不得疎失了也！

外濁須知內本清，龍頭虎尾按時生；　若將凡聖和爲一，白雪黄芽自長成。

回春子曰　如何是道？　要撒胞溺。　吃飯穿衣，全不分曉。

大道先須養性靈，靈光悟徹易歸根；　總然精氣神皆足，黑暗如何解鍊烹？

回春子曰　東南西北及中州，黑黑塵蒙易白頭。咄！　説話的顛倒了！　難不難，一翻觔斗；易非易，掙起雙眸。

緘口凝神只內觀，法身常現一毫端；靜中攝得靈明寶，放置中宮便是丹。

回春子曰　得了手，閉了口，若還不去承當，竹篦何堪打走！咄咄咄！再來不值半文錢，請到方丈後去休。

回春子曰　一口布袋，包藏無礙；混混沌沌，放不出來。

長空清迴原無染，雲去雲來只自忙。鼓動巽風旋上下，性光命寶總歸囊。

回春子曰　九天之上，九泉之下；少林拳棒，上下齊打；打得開通，任從放馬。

明暗休將世務分，閒來覓得己前身；惺惺不管炎涼態，生死全拋見至真。

回春子曰　久別家鄉，道阻且長，從今得返，方知父母妻子各各安好。咦！千年華表依然，一任桑田變海。

騰騰烈燄青龍舞，渺渺清波白虎蹲；虎尾龍頭緣索繫，擒歸神室合真源。

西池集跋

易曰：「至哉坤元，萬物資生。」所謂「順承乎乾」者，非耶。然世之女子，明坤道而合坤德者，鮮矣！或癡頑結習，或驕悍成風，種種沉迷，不堪悉數。即有一二有志之輩，欲了脱生死，又苦於性命不明。每見巫嫗村姑，學會幾句前因後果之口頭禪，便以爲大道在是，遂而盲修瞎鍊，自誤誤人。吁！此皆坤修真訣失傳之故也。今西池集出，洩千古不傳之秘，具大慈悲，開方便門，願普天下女子，敬信修持，窮研極究。其中字字有功，句句有訣，切莫輕輕放過。尚有楮墨難傳之處，全在誠心辦道，自遇真人指點。總以收心養氣爲下手初功，心不收則性根昧，氣不養則命蒂枯，性命雙修，坤道乃全。讀是集者，幸勿坐失機緣，致負作者一片度世婆心也。

靈陽子敬跋

女丹詩集續編

黔中積善堂　述　皖江陳攖寧　校訂

清心寡慾第一

男女金丹地不同。男子所觀之地，與女子所觀之地，初功本不同。
陰陽一理實相通。男女都要鍊成純陽，其實一理而已。
清心寡慾爲根本。
築基先要斬赤龍。赤龍，月信也。鍊去鍊來，月信不潮，兩乳自縮如男子縮龜一般，則丹基始成。

血變爲氣第二

生來本靜靜中求。女子生來，其性本靜，即於靜中鍊丹，成功較男子更速。
一味薰蒸補破舟。
血變爲氣潮絕信。女子多血，用法盡變爲氣，而月信可絕。
先天一復上瀛州。復其初來之性，即可成仙成佛。

培養黃芽第三

情竇開時如破瓜。天癸水至，如破瓜然。
全憑土德長黃芽。芽生土之中，故曰「黃芽」。
朝朝暮暮勤培養。
自得長生不老花。由黃芽而勤養之，不使戕敗，漸漸開花，即能超劫運爲長生之本。

觀音妙法第四

身中有一白雀觀。指乳房也。使紅變爲白，故以白雀觀比之。
要學觀音妙法鍊。昔觀音聖母在白雀寺中鍊法，卒成大道。
一朝功滿上瑤池。
大衆同赴蟠桃宴。望人同登彼岸，普渡婆心也。

彌陀真意第五

婦女速將塵事淡。
阿彌陀佛心中念。常念四字經，即是拴心之法。

晝夜坐臥伴黃婆。時守真意，功可速成。

凡胎自脱仙骨換。有如此好處，怎不學習。

生死涅槃第六

未死學死終不死。人雖未死，猶如死人一般，所以終得不死。

逢生殺生永不生。妄心生時，即以慧劍殺之，所以終致不生。

不死不生真入妙。

涅槃一證大功成。形不死，心不生，可證涅槃上果。

迴光返照第七

迴光返照兩乳間。

心神注在金鎖前。眼觀兩乳之中，神注兩腎之下，自然河車運至中田，以補破體。

二日半後黃變白。行經過後，計二日半，血變成黃。斯時淨心用功，不久變白而赤脈斬，猶如處子體矣。

移鼎換爐鍊成仙。赤龍已斬，行法之地不同，得訣鍊之可成。

慈悲爲本第八

慈悲爲本性情和。

忍辱茹辛耐折磨。在家婦女，出家尼僧道姑，俱可修鍊，總要以慈悲爲本。

人人都有菩提樹。

長坐菩提登大羅。能知菩提樹在何處，即在菩提樹上用功，久之必成菩提矣。

按 首二句原本作「慈悲爲本心是婆，在家出家養太和」，今改之。

藥火兩用第九

藥在火中鍊。藥，炁也；火，神也。即是神馭炁。

火在藥中現。神因炁而愈靈。

有火無藥煮空鐺。不可弄火。

有藥無火終消散。不可無火。

火藥二物能適宜。

金丹一結入閬苑。神炁相依，焉有不成之理。

太陰斂形第十

幽閒貞靜養性情。

婦道克全德匪輕。上句養性，下句培德，即是内外交修功夫。

乳房血海常留意。下手初功。

將形收斂合太陰。太陰斂形法，其乳縮如男子。

六字經法第十一

最好惟有六字經。即「南無阿彌陀佛」。

從前轉後住到心。念佛之法：臍前念「南」，陽關念「無」，陰腎念「阿」，泥丸念「彌」，咽喉念「陀」，終將「佛」字住在心裏。又可收心，又可平氣。

其中暗寓河車法。時刻照此法念之，盡將後天陽氣車入中田，自能補足先天。

不知不覺鍊成真。此法簡易，婦女可念，男子亦可念，總要行之久遠，其效愈大。

人人如意第十二

懷抱兩個如意圖。此圖所以護心，亦所以通心。

生來即有人人俱。不分男女，人人皆有。

問人果能如意否？如意中即有如來，果能如意，自有無窮佳境見於胸懷。

果能如意上天都。不負如意圖之名，自得如意圖之實，飛昇指日可俟。

動靜勿離第十三

動靜不可離這個。

離了這個路便錯。這個，乃真意也。時時誠意，先天自復。若意念一差，便非正路。

坤陰變作乾陽體。女性本陰，變爲乾陽，方能成道。

頂天立地莫柔懦。陰性多柔，要有頂天立地志向，庶於道有望。

出家修鍊第十四

一入空門得自由。

塵緣何故掛心頭？世之僧尼道姑，已入空門矣，心猶不忘夫紅塵者，何故？

觀音大士規模在。

靜坐參禪萬念休。

節婦修鍊第十五

可憐最是未亡人。夫死者，妻稱未亡人。

矢志冰霜實苦辛。夫死守節，凛如冰霜，不知受了許多辛苦。

節烈信爲仙佛種。

急修急鍊出風塵。女仙女佛，盡是堅貞爲本。既爲節婦，即仙佛種子矣，還在風塵中何益。

此言節婦宜急修。

童真修鍊第十六

王母臺前貴女真。

色空空色見分明。大有夙根者，見得色即是空，空即是色，修成女真，故王母特優重之。

渾淪元氣無虧損。不必補漏。

得法修之頃刻成。得了先天之法，一鍊即成，言甚易也。

此言童女宜急修。

在家修鍊第十七

莫謂家事紛難絕。

坤維正氣修即得。婦女皆有坤維正氣，莫因家事紛紜，遂躭誤一生也。

從無入有養神胎。

下田不結中田結。結於下田者是凡胎，結於中田者是神胎。神胎是自己神炁所凝，不因外來，故謂之從無入有。

此言在家婦女宜急修。

心性根本第十八

四大名山衆女仙。

半推孝節半參禪。有以孝成者，有以節成者，有以參禪成者，途雖異，而歸則同。

總依心性爲根本。

行滿功圓便上天。「心性」二字，修丹之本，男女都離不得。

此首總結女丹經。

女丹詩集補編．貞一子女丹口訣

皖江陳攖寧　校訂

收心一

金丹道理最幽深，逐節功夫著意尋；若問入門初下手，掃除妄念以收心。

養性二

一顆牟尼似水晶，何期塵垢蔽精英；但能靜坐迴光照，依舊天心夜月明。

養氣三

雖能住念僅初禪，息到冲和返自然；養氣方兒無別巧，同行同坐又同眠。

凝神四

神是夫兮息是妻，休教異路隔雲泥；兩相匹配歸根竅，便是丹成鶴到時。

三命五

光分黃白紫爲三，女命生來不似男；少上衰中成在下，關頭一路要深諳。

氣穴六

氣穴分明是乳房，休將臍下妄猜量；鍊丹不識陰生處，伏虎降龍欠主張。

知時七

每到花開對月時，羝羊將要觸藩籬；勸君信至休遲誤，莫待龍形出水湄。

斬龍八

陽欲生陰出玉溝，火輪急駕莫停留；巽風吹上紅元府，倒轉河車仗逆流。

形隱九

順爲凡體月經行，七七年齡老態呈；鍊到太陰形隱後，從茲仙體慶長生。

求丹十

鍊形化氣築基工，上品天仙事不同；若問金丹端的處，日來映月破鴻濛。

鍊己十一

生龍活虎戰蓮房，最怕心猿意馬狂；鍊己未臻純熟境，豈能安穩渡陳倉。

順逆十二

順則生人逆則仙，乾坤交泰是真詮；臨爐莫訝丹難結，倒挽羊車自見天。

丹生十三

恍惚窈冥情似癡，融和正是藥生時；丹田有信機緣至，準備工夫採玉芝。

採藥十四

猛覩先天一粒丹，其光灼灼似金丸；巽風若不頻催鼓，大藥如何得過關？

升元十五

日出扶桑大海東，火輪飛渡莫停功；鹿車搬上崑崙頂，木汞自歸神室中。

合丹十六

艮男初歸混沌窩，夫妻從此結絲羅；六門緊閉勤添火，帳裏春光要太和。

火候十七

火記雖垂六百篇，未將真候寫鸞箋；最明莫過沖虛語，呼吸分明了却仙。

温養十八

已看白雪種青砂，寒燠調停切莫差；三十六宮春意足，羨君有路泛仙槎。

胎息十九

工夫細密勿粗疏，神息緜緜合太虛；借問養胎何所似，恍如父母未生初。

度數二十

採藥燒丹有後先，坎離艮巽倒還顛；功完九九周天數，到此方爲物外仙。

脫胎廿一

十月胎圓度數周，陽神忽到顖門遊；一聲霹靂衝天出，頂上爭看白氣浮。

乳哺廿二

初產嬰孩氣未絕，仍吞木汞復元真；佇看乳養經三載，變化通靈妙若神。

面壁廿三

丹事雖完猶有工，冥心靜坐洞天中；忘形入定無年月，打破虛空見聖功。

冲舉廿四

鍊到真空道愈高，丹書下詔步雲霄；從今永住瑤池苑，隨着靈妃去早朝。

攖寧按　女丹口訣詩，共計二十四首，六百七十二字，今特別用心校正一百一十字，比原本爲優，遂以付印。

乙亥仲冬記

民國二十四年（一九三五年）十二月翼化堂善書局初版

道學小叢書

陳攖寧　常遵先　校訂

道學小叢書編輯大意

一，道學之由來，出於周秦以前之道家。道家之說，發源於黃帝，集成於老聃，流而爲莊列，變而爲韓非、鬼谷，衍而爲鶡冠、淮南。中國道家歷史，遠在印度佛教產生之前二千餘年，故道學資格最深，爲世界任何宗教哲學所不及。

二，道家別派，一變而爲儒家。儒家分支，再變而爲宋明理學。故道學範圍，較理學爲寬廣。

三，道家中修養一派，即後世神仙家所宗。「黃帝且戰且學仙」，老子更標著「長生久視之道」，故「道學」二字，又包括仙學在內。

四，編者早有仙道叢書之輯，內容博大精深，現已陸續用木版刊行，但頗需時日，今特體學者先覩爲快之心，遂編者儘量流通之願，復奮勉從事，編輯道學小叢書。取材務精，出版務速，注重實用，廢棄空談，頁數不多，法門無盡。

五，本書編輯宗旨，乃提倡中國固有之道學，絕對破除迷信，凡稍涉迷信文字，概不收錄。

蒲團子按　編輯大意原載各分册卷首，今置叢書卷首，分册不再收錄，以節省篇幅。

天隱子

唐 無名氏 撰
陳攖寧 校訂

四庫全書道家類天隱子提要

天隱子，亦唐人撰，不知其姓名，前有司馬承禎序，則元宗時人。晁公武、陳振孫皆疑爲承禎所託名。然承禎有坐忘論已自著名，又何必託名爲此書也？

書凡八篇：一曰神仙；二曰易簡；三曰漸門；四曰齋戒；五曰安處；六曰存想；七曰坐忘；八曰神解。讀書志稱，一本有三宮法附於後。此本無之，殆傳寫佚脱矣。

書寥寥僅兩三紙，不能自成卷帙，今以與元真子同時，即附之元真子後，俾從其類焉。

唐司馬承禎天隱子原序

神仙之道，以長生爲本。長生之要，以養氣爲根。夫氣受之於天地，和之於陰陽。陰陽神靈，謂之心主。晝夜寤寐，謂之魂魄。是故人之身大率不遠乎神仙之道矣。

天隱子者，吾不知其何許人，著書八篇，包括秘妙，殆非人間所能力學者也。觀夫修鍊神氣，養和心靈，歸根契於伯陽，遺照齊於莊叟。長生久視，無出是書。

承禎服習道風，惜乎世人夭促真壽，思欲傳之同志，使簡易而行。信哉！自伯陽以來，惟天隱子而已。

唐司馬承禎謹序

宋胡璉天隱子書後

昔謝自然欲過海求師蓬萊，至海上，或謂自然曰：「蓬萊隔弱水三萬里，不可到。天台有司馬子微，身居赤城，名在絳闕，可往從之。」自然乃還，受道於子微，白日仙去。東坡水龍吟詞云：「古來雲海茫茫，蓬山絳闕知何處。人間自有赤城居士，龍蟠鳳舉，清靜無爲，坐忘遺照，八篇奇語。」觀此，則此書八篇，當是子微所著。而序乃云「天隱子，不知何許人」，意者不欲自顯其名邪。

紹興壬午從事郎知台州黃巖縣主管學事勸農公事胡璉跋

陳攖寧校訂翼化堂單行本天隱子序

天隱子，書名也，亦即作書者之人名也。雖傳自司馬子微，但不能確定爲子微手筆。陳振孫直齋書錄解題，謂此書與坐忘論相表裏，疑天隱即子微之別號，然無實據可證。胡璉跋語，因東坡詞有「坐忘遺照，八篇奇語」二句，遂疑爲子微所著。今攷司馬子微坐忘論，正是八篇，安知坡公非指坐忘論而言乎？故胡跋亦未足爲定論。

此書文簡義賅，切於實用。觀子微後序言：「誦天隱子三年，恍然有悟。又進習三年，而後淡於名利。再閱三年，天隱子出，方授以口訣。」知其得力於此書者深矣。

余十餘歲慕道時，即喜閱此書，常與坐忘論並置案頭。蕭齋夜讀，月映窗紗，園中桂樹，枝影顫動，奇芬沁鼻，彷彿有仙子來臨。屈指於兹，已瞬經三十五寒暑矣。回憶此情，猶如昨日。今翼化堂張君，就余商所以流通道書之方法，既勸其將善本秘籍，次第用木板刊行。惟以卷帙繁重，雖見賞於專家，恐不便於初學，故同時復取短篇道書，用活字版排印，以供一般之需要。出書務速，選擇須精，遂首先推舉天隱子及坐忘論二種，發單行本問世，並爲增補司馬承禎外傳一篇。又校訂其後序口訣，分作數段。全書加圈句讀，以便學者。此後若遇短篇佳構，仍將陸續印行，以公同好。

謹誌其緣起如此。

中華民國二十四年一月皖江陳攖寧識於上海寄廬

唐司馬承禎外傳

陳攖寧 述

司馬承禎，字子微，又字道隱，唐之溫州人今浙江省永嘉縣。事潘師正，得傳辟穀導引之術。隱居天台山玉霄峯，自號白雲子。唐武則天累徵之不出。睿宗雅尚道教，聞承禎名，復命其兄承褘敦促赴闕。既至，引入掖廷，以陰陽術數相問。對曰：「老子經云：『為道日損，損之又損，以至於無為。』夫心目所知見，損之尚未能，豈可攻乎異端而增智慮哉？」帝曰：「治身則爾，治國若何？」對曰：「國猶身也，故游心於淡，合氣於漠，與物自然而無私，則天下自治。」帝嗟味曰：「廣成之言也。」欲加以寵異，固辭，告歸山，乃錫寶琴霞帔以遺之，公卿多賦詩贈別。常侍徐彥伯，撮其美者三十餘篇，為製序，名曰白雲記。時盧藏用，早隱終南山，後登朝，居顯要，見子微將還天台，藏用遥指終南謂之曰：「此中大有佳處，何必天台？」子微默不答。即而徐曰：「以僕所觀，終南乃仕宦之捷徑耳。」藏用有慚色。

玄宗即位，亦深好道術。開元中，再被召至都，留於内殿，頗加敬禮，暇輒問延年度世之方。承禎微露端倪，玄宗亦深秘之，故外人莫得知。詔於王屋山置壇室以居，令以三體字寫老子，並刊正文句。又命玉真公主及光祿卿韋縚至其居，按金籙，設祠厚賜焉。玄宗嘗言承禎乃陶弘景後身，呼之爲道兄而不名。時人謂玄宗壽命之長，係得承禎延年術所致云。

蜀女真謝自然，泛海將詣蓬萊求師，途中見一人言：「天台司馬子微，名列丹臺，真良師也，何不求之？蓬萊弱水三千，飛仙可渡，舟楫難通。」自然遂返棹，逕赴天台，求子微受度，後白日上昇。

李太白亦嘗從子微遊，故其文集云：「予昔在江陵，見司馬子微，謂予有仙風道骨，可與神遊八極之表，乃著大鵬遇希有鳥賦以自廣。」蓋當時名流識子微者，固甚眾也。

子微博學能文，復善篆，自創一體，號曰「金剪刀書」。又著坐忘論八篇，修真秘旨十二篇，行於世。唐書隱逸傳謂卒年八十九，續仙傳謂年百餘歲尚輕健若三十許人。後坐化。謚「貞一先生」。

天隱子

唐　無名氏　撰

神仙一

人生時稟得靈氣，精明通悟，學無滯塞，則謂之神。宅神於内，遺照於外，自然異於俗人，則謂之神仙。故神仙亦人也，在於修我靈氣，勿爲世俗所淪污，遂我自然，勿爲邪見所凝滯，則成功矣。喜、怒、哀、懼、愛、惡、欲，七者情之邪也；風、寒、暑、濕、饑、飽、勞、佚，八者氣之邪也。去此邪則仙道近矣。

易簡二

「易曰『天地之道易簡』者，何也？」天隱子曰：「天地在我首之上，足之下，開目盡見，無假繁巧而言，故曰『易簡』」。易簡者，神仙之謂也。經曰：「至道不繁，至人無爲。」

「然則以何道求之？」曰：「無求不能知，無道不能成。凡學神仙，先知易簡。苟言涉奇詭，適足使人執迷，無所歸本。此非吾學也。世人學仙，反爲仙所迷者，有矣；學氣反爲氣所病者，有矣。」

漸門三

易有漸卦，道有漸門。人之修真達性，不能頓悟，必須漸而進之，安而行之，故設漸門，觀我所入，則道可見矣。

漸門有五：一曰齋戒；二曰安處；三曰存想；四曰坐忘；五曰神解。何謂齋戒？曰澡身虛心。何謂安處？曰深居靜室。何謂存想？曰收心復性。何謂坐忘？曰遺形忘我。何謂神解？曰萬法通神。是故，習此五漸之門者，了一則漸次至二，了二則漸次至三，了三則漸次至四，了四則漸次至五，神仙成矣。

齋戒四

齋戒者，非蔬茹飲食而已；澡身者，非湯浴去垢而已。蓋其法在乎節食調中、摩擦暢外者也。夫人禀五行之氣，而食五行之物，實自胞胎有形，已呼吸精血，豈可去食而求長生？但世人不知，休糧服炁是道家之權宜，非永絕食粒之謂也。故食之有齋戒者，齋乃潔淨之務，戒乃節約之稱。

有饑即食，食勿令飽，此所謂調中也。百味未成熟勿食，五味太多勿食，腐敗閉炁之物勿食，此皆宜戒也。手常摩擦皮膚温熱，熨去冷氣，此所謂暢外也。久坐久立，久勞久役，皆宜戒也。此是調理形骸之法。形堅則氣全，是以齋戒爲漸門之首矣。

按　「戒乃節『約』之稱」，一本作「節『慎』」，於義爲優。

安處五

何謂安處？曰：非華堂邃宇、重裀廣榻之謂也，在乎南向而坐，東首而寢，陰陽適中，明暗相半。屋無高，高則陽盛而明多；屋無卑，卑則陰盛而暗多。故明多則傷魄，暗多則傷魂。人之魂陽而魄陰，苟傷明暗，則疾病生焉。此所謂居處之室，尚使之然，況天地之氣，有亢陽之攻肌、淫陰之侵體，豈可不防慎哉？修養之漸，倘不法此，非安處之道。術曰：「吾所居室，四邊皆牕户，遇風即闔，風息即開。吾所居座，前簾後屏，太明即下簾，以和其内映；太暗則捲簾，以通其外耀。内以安心，外以安目，心目皆安，則身安矣。」明暗尚然，況太多事慮，太多情欲，豈能安其内外哉？故學道以安處爲次。

存想六

存謂存我之神，想爲想我之身。閉目即見自己之目，收心即見自己之心，心與目皆不離我身，不傷我神，則存想之漸也。凡人目終日視他人，故心亦逐外走；終日接他事，故目亦逐外瞻。營營浮光，未嘗復照，奈何不病且夭邪？是以歸根曰靜，靜曰復命。成性存存，衆妙之門。此存想之漸，學道之功半矣。

坐忘七

坐忘者，因存想而得，因存想而忘也。行道而不見其行，非坐之義乎？有見而不行其見，非忘之義乎？何謂不行？曰：心不動故。何謂不見？曰：形都泯故。

或問曰：「何由得心不動？」天隱子默而不答。

又問：「何由得形都泯？」天隱子瞑而不視。

或者悟道而退，曰：「道果在我矣。」

我果何人哉？天隱子果何人哉？於是彼我兩忘，了無所照。

神解八

齋戒謂之信解言無信心則不能解；安處謂之閒解言無閒心則不能解；存想謂之慧解言無慧心則不能解；坐忘謂之定解言無定心則不能解。信、定、閒、慧，四門通神，謂之神解。故神之爲義，不行而至，不疾而速，陰陽變通，天地長久。兼三才而言，謂之易繫辭云：「易窮則變，變則通，通則久。」；齊萬物而言，謂之道德老子道德經是也；本一性而言，謂之真如釋氏法華、楞伽、涅槃皆一性。入於真如，歸於無爲，故天隱子生乎易中，死乎易中，動因萬物，靜因萬物，邪由一性，真由一性，是以生、死、動、靜、邪、真，皆以神而解之。在人謂之人仙，在天曰天仙，在地曰地仙，在水曰水仙，能變之曰神仙。故神仙之道有五，其漸學之門則一焉謂五漸終同歸於仙矣。

後序口訣

承禎誦天隱子之書三年，恍然有所悟，乃依此五門，漸漸進習。又三年，覺身心之閒，而名利之淡矣。又三年，天隱子出焉，授之以口訣，其要在存想篇「歸根」「復命」「成性」「眾妙」者是也。夫人之根本，由丹田而生，能復則長命，故曰「歸根復命」；夫人之靈識，本乎理性，性通則妙萬物而不窮，故曰「成性衆妙」。然而呼吸由氣而活，故我有吐納之訣；津液由水藏而生，故我有漱嚥之訣；思慮由心識而動，故我有存想之訣。

吐納引導

人身榮衛血脈，寤即行於外，寐即行於内，寤寐内外，相養和平，然後每日自夜半子時，至日中午時，先平臥，舒展四肢，次起身導引，喘息均定，乃先叩當門齒小鳴，後叩大齒大鳴，以兩手摩面及眼，身覺煖暢。

漱嚥津液

復端坐盤足，以舌攪華池，候津液生而漱之，默記其數。數及三百，而一嚥之。凡嚥津候呼定而嚥，嚥畢而吸。如此則吸氣與津順下丹田也。但子後午前，食消心空之時按：「心空」之「心」字作「腹」字解，頻頻漱嚥，無論遍數，意盡則止。

存想行氣

凡五日爲一候，當焚香於靜室中，存想自身，從首至足，又自足至丹田上脊膂，入於泥丸，想其氣如雲，直貫泥丸。想畢，復漱嚥，乃以兩手掩兩耳，搭其腦如鼓聲，三七下。伸兩足，端足俛首「俛」即「俯」字，極力直頸。兩手握固，又於兩脅下接腰髂骨傍「又於兩脅下」之「又」字，疑是「叉」字之誤，乃左右聳兩肩甲。閉息傾刻，候氣盈面赤即止。凡行七遍，氣從脊膂上徹泥丸。此修養之大綱也。按：以上各法，皆不完備，須參攷他書，方能實行。

真氣同運

然更有要妙，在乎與天地真氣冥契同運。能識氣來之時，又辨氣息之所，若是則與天地齊其長久，謂之神仙矣。法起冬至夜子時，一陽氣始來，或遲或早，先須辨識氣來形候，纔覺氣來，則運自己之氣適與天地之氣偕作。次日復候此氣而消息之。此是神仙至妙至精之術，人罕達之。倘三百六十日内，運氣適合真氣三兩次，則自覺身體清和，異於常時矣。況久久習之，積累冥契，則神仙之道不難至矣。

民國二十四年（一九三五年）一月翼化堂善書局初版

坐忘論

唐　司馬承禎　著
陳攖寧　校訂

本書提要

陳攖寧

晁公武郡齋讀書志曰：「坐忘論一卷，唐司馬承禎子微撰，凡七篇。其後有文元公跋，謂子微所謂坐忘，即釋氏之言晏坐也。」

陳振孫直齋書錄解題曰：「坐忘論一卷，唐逸人河内司馬承禎子微撰，言坐忘安心之法，凡七條，並樞翼一篇，以爲修道階次。其論與釋氏相出入。」

攖寧按，作者之略歷，已見於余所纂述司馬承禎外傳，附載天隱子書中，故不重錄。子微本道門高士，而晁、陳二氏，皆謂坐忘論與佛家之説相同，乃膚淺之識也。此書劈頭一句即曰「人之所貴者生也」，即與佛家立於反對地位。其後又言「養生者慎勿失道，爲道者慎勿失生，使道與生相守，生與道相保，二者不相離，然後乃長久」，此數語已將全書宗旨標明，與佛家專講心性，賤視生命者，絕難融通。至於第八篇坐忘樞翼，所歷舉五時八候，種種徵驗，亦大異乎佛家之教義。篇末所謂「促齡穢質，色謝歸空」，即一般佛教徒共同之結局，而爲此書所深誡者也。諸篇辭句語氣，偶有類似佛經處，則因此書乃唐人所作，佛經出於唐人手筆者又最多，彼時文章風度，本是如此，又何足怪？或謂此書常言

「戒」「定」「慧」字樣，似由佛經脫化而出。余曰不然。「戒」「定」「慧」三字，儒書中數見不鮮，並非佛家之專利品。易經繫辭曰：「聖人以此齋『戒』，以神明其德。」論語曰「『戒』之在色」「『戒』之在鬬」「『戒』之在得」。大學曰：「知止而後有『定』，『定』而後能靜。」孟子曰：「人之有德『慧』術知者，恒存乎疢疾。」論語曰：「好行小『慧』，難矣哉！」觀此可知，坐忘論所言「戒」「定」「慧」名詞，不是脫化於佛經，仍發源於中國古說耳。

中華民國二十四年二月即黃帝紀元四千六百三十二年皖江陳攖寧識

坐忘論

唐司馬承禎　著

夫人之所貴者，生；　生之所貴者，道。人之有道，若魚之有水。涸轍之魚，猶希斗水；　弱喪之俗，無情造道。惡生死之苦，樂生死之業；　重道德之名，輕道德之行。審惟倒置，何甚如之？　窮而思通，迷而思復，寸陰如璧，愧歎交深，是以恭尋經旨與心法相應者，略成七條，以爲修道階次，樞翼附焉。

攖寧按　雲笈七籤所載坐忘論，篇首一段文章，較此大不同，今附錄於左，以備參攷。

「夫人之所貴者，生也；　生之所貴者，道也。人之有道，如魚之有水。涸轍之魚，猶希升水；　弱喪之俗，無心造道。惡生死之苦，愛生死之業；　重道德之名，輕道德之行；　喜色味爲得志，鄙恬素爲窮辱；　竭難得之貨，市來生之福；　縱易染之情，喪今生之道。自云智巧，如夢如迷，生來死去，循環萬劫。審惟倒置，何甚如之？故妙真經云：『人常失道，非道失人；　人常去生，非生去人。故養生者，慎勿失道；　爲道者，慎勿失生。使道與生相守，生與道相保，二者不相離，然後乃長久。言長久者，得道之質也。』經云：『生者，天之大德也，地之大樂也，人之大福也。道人致之，非命祿也。』又西昇經云：『我命在我，不屬於天。』由此言之，修短在己，得非天與，失非人奪。捫心苦晚，時不少留，所恨朝菌之年，已過知命，歸道之要，猶未精通，爲惜寸陰，速如景燭，勉尋經旨，事簡理直，其事易行，與心病相應者，約著安心坐忘之法，略成七條修道階次，兼其樞翼，以編叙之。」

敬信第一

夫信者道之根，敬者德之蒂，根深則道可長，蒂固則德可茂。然則璧耀連城之彩，卞和致刖；言開保國之效，伍子從誅。斯乃形器著而心緒迷，理事萌而情思忽。況至道超於色味，真性隔於可欲，而能聞希微以懸信，聽罔象而不惑者哉！如人有聞坐忘之言，信是修道之要，敬仰尊重，決定無疑者，加之勤行，得道必矣。故莊周云：「隳支體，黜聰明，離形去智，同於大通，是謂坐忘。」夫坐忘者，何所不忘哉！內不覺其一身，外不知乎宇宙，與道冥一，萬慮皆遣。故莊子云：「同於大通。」此則言淺而義深。惑者聞而不信，懷寶求寶，其如之何？經云：「信不足焉有不信。」謂信道之心不足者，乃有不信之禍及之，何道之可望乎？

斷緣第二

斷緣者，謂斷有爲俗事之緣也。棄事則形不勞，無爲則心自安，恬簡日就，塵累日薄，跡彌遠俗，心彌近道，至聖至神，孰不由此乎？經云：「塞其兑，閉其門，終身不勤。」或顯德露能，求人保己；或遺問慶弔，以事往還；或假修隱逸，情希升進；或酒食邀致，以望後恩。斯乃巧蘊機心，以干時利，既非順道，深妨正業。凡此類例，皆應絕之。經云：「開其兑，濟其事，終身不救。」我但不倡，彼自不和，彼雖有唱，我不和之，舊緣漸斷，新緣莫結，醴交勢合，自致日疎，無事安閒，方可修道。莊子云：「不將不迎，爲無交俗之情故也。」又云：「無爲名尸，無爲謀府，無爲事任，無爲知主。」若事有不可廢者，不得已而行之，勿遂生愛，繫心爲業。按：「無爲名尸」四字，原本無，今據雲笈七籤補入。

收心第三

夫心者，一身之主，百神之帥，靜則生慧，動則成昏。欣迷幻境之中，唯言實是；甘宴有爲之内，誰悟虛非。心識顛癡，良由所託之地。且卜鄰而居，猶從改操；擇交而友，尚能致益。況身離生死之境，心居至道之中，能不捨彼而得此乎？所以學道之初，要須安坐，收心離境，住無所有，不著一物，自入虛無，心乃合道。經云：「至道之中，寂無所有，神用無方。」心體亦然。原其心體，以道爲本，但爲心神被染，蒙蔽漸深，流浪日久，遂與道隔。若能淨除心垢，開識神本，名曰修道。無復流浪，與道冥合，安在道中，名曰歸根。守根不離，名曰靜定。靜定日久，病消命復，復而又續，自得知常。知則無所不明，常則無所變滅，出離生死，實由於此。是故法道安心，貴無所著。經云：「夫物芸芸，各歸其根，歸根曰靜，靜曰復命。復命曰常，知常曰明。」

若執心住空，還是有所，非謂無所。凡住有所，則令心勞，既不合理，又反成病。但心不著物，又得不動，此是真定正基。用此爲定，心氣調和，久益輕爽。以此爲驗，則邪正可知矣。若心起皆滅，不簡是非，則永斷覺知，入於盲定；若任心所起，一無收制，則與凡夫元來不別。若唯斷善惡，心無指歸，肆意浮游，待自定者，徒自誤耳。若遍行諸事，言心無所染者，於言甚善，於行極非。真學之流，特宜誡此。

今則息亂而不滅照，守靜而不著空，行之有常，自得真見。如遇時事或法要，若有疑者，且任思量，令事得濟，所疑復悟，既悟則止，切莫多思，多思則以智害恬，爲子傷本。雖騁一時之俊，終虧萬代之業。若煩邪亂想，隨覺則除。若聞毀譽之名，善惡等事，皆即撥去。莫將心受，受之則心滿，心滿則道無所居。有所聞見，如不聞見，則是非美惡，不入於心。心不受外，名曰虛心；心不逐外，名曰安心。心安而虛，道自來居。經云：「人能虛心無爲，非欲於道，道自歸之。」內心即無所著，外行亦無所爲。非淨非穢，故毀譽無從生；非智非愚，故利害無由撓。實則順中爲常，權則於時消息。苟免諸累，是其智也。

若非時非事，役思强爲者，自云不著，終非真學。何耶？心法如眼也。纖毫入眼，眼則不安；小事關心，心必動亂。既有動病，難入定門。是故修道之要，急在除病。病若不除，終不得定。有如良田，荊棘未誅，雖下種子，嘉苗不茂。愛見思慮，是心荊棘，若不除翦，定慧不生。或身居富貴，或學備經史，言則慈儉，行則貪殘，辯足以飾非，勢足以威物，得則名己，過則尤人，此病最深，雖學無益，所以然者，爲自是故。

然此心由來依境，未慣獨立，乍無所託，難以自安。縱得暫安，還復散亂。隨起隨制，務令不動，久久調熟，自得安閒。無問晝夜，行立坐臥及應事之時，常須作意安之。若心得定，但須安養，莫有惱觸，少得定分，即堪自樂。漸漸馴狎，惟益清遠，平生所愛，已嫌𢿛陋，况因定生慧，深達真假乎？且牛馬，家畜也，放縱不收，猶自生梗，不受駕馭；鷹鸇，野鳥也，被人繫絆，終日在手，自然調熟。况心之放逸，縱任不收，唯益麤疏，何能觀妙？故經云：「雖有拱璧以先駟馬，不如坐進此道。」

夫法之妙用也，在其能行，不在能言。行之則斯言爲當，不行則斯言如妄。又時人所學，貴難而賤易。若深談法理，廣說虛無，思慮所莫能達，行用所莫能階者，則歎不可思議，而下風盡禮。如其信言不美，指事直陳，聞則心解，言則可行者，乃人翻以爲淺近，而輕忽不信。故經云：「吾言甚易知，甚易行，天下莫能知，莫能行。夫惟無知，是以不我知。」或又言：火不熱，燈不照闇，稱爲妙義。夫火以熱爲用，燈以照爲功。今則盛言火不熱，未嘗一時廢火；空言燈不照闇，仍須終夜燃燈。言行相違，理實無取，此只破相之言，而人反以爲深玄之妙，雖則惠子之宏辯，莊生以爲不堪，膚受之流，誰能科簡？至學之士，庶不留心。

或曰：「夫爲大道者，在物而心不染，處動而神不亂，無事而不爲，無時而不寂，今獨避事而取安，離動則求定。勞於控制，乃有動靜二心；滯於住守，是成取捨兩病。都未覺其所執，而謂道之要階，何其謬耶？」答曰：「總物而稱大，通物之謂道。在物而不染，處事而不亂，真爲大矣，實爲妙矣。然吾子之鑑，亦有所未明，何則？徒見貝錦之輝煥，未曉始抽之素絲；纔聞鳴鶴之衝天，詎識先資於鷇食。蔽日之幹，起於毫末；神凝之聖，積習而成。今徒學語其聖德，而不知聖之所以德，可謂見卵而求時夜，見彈而求鴞炙，何其造次哉！故經云：『玄德深矣遠矣，與物反矣，然後乃至大順。』」按：此篇據雲笈七籤及別種本校正五十餘字。

簡事第四

夫人之生也，必營於事物。事物稱萬，不獨委於一人。巢林一枝，鳥見遺於叢薄；飲河滿腹，獸不悋於洪波。外求諸物，內明諸己。知生之有分，不務分之所無；識事之有當，不任事之非當。任非當則傷於智力，務過分則敝於形神。身且不安，何能及道？是以修道之人，莫若斷簡事物，知其閒要，較量輕重，識其去取，非要非重，皆應絕之。猶人食有酒肉，衣有羅綺，身有名位，財有金玉，此並情欲之餘好，非益生之良藥。衆皆徇之，自致亡敗。靜而思之，何迷之甚！故莊子云：「達生之情者，不務生之所無以爲。」生之所無以爲者，分外物也。蔬食敝衣，足養性命，豈待酒肉羅綺，然後生全哉！

是故於生無所要用者，並須去之；於生之用有餘者，亦須捨之。財有害氣，積則傷人，雖少猶累，而況多乎？以隋珠而彈千仞之雀，人猶笑之，況背道德、忽性命而從非要以自促伐者乎？夫以名位比道德，則名位假而賤，道德真而貴。能知貴賤，應須去取，不以名害身，不以位易志。故莊子云：「行名失己，非士也。」西昇經云：「抱元守一，過度神仙。子未能守，但坐榮官。」若不簡擇，觸事皆爲，心勞神昏，修道事闕。若處事安閒，在物無累者，自屬證成之人。若實未成，而言無累者，誠自誑耳。按：此篇校正數字。

真觀第五

夫真觀者，智士之先鑒，能人之善察，究儻來之禍福，詳動靜之吉凶，得見機前，因之造適，深祈衛定，功務全生，自始至末，行無遺累。理不違此者，謂之真觀。然一餐一寢，俱爲損益之源；一行一言，堪成禍福之本。雖則巧持其末，不如拙誡其本；觀本知末，又非躁競之情。是故收心簡事，日損有爲，體靜心閒，方可觀妙。故經云：「常無欲以觀其妙。」

然修道之身，必資衣食。事有不可廢，物有不可棄者，常須虛襟而受之，明目而當之，勿以爲妨。心生煩躁，若因事煩躁者，心病已動，何名安心？夫人事衣食者，我之船舫也。欲渡於海，事資船舫，渡海若訖，理自不留，因何未渡先欲廢捨？衣食虛幻，實不足營。爲欲出離虛幻，故求衣食。雖有營謀之事，莫生得失之心。即有事無事，心常安泰。與物同求，而不同貪；與物同得，而不同積。不貪故無憂，不積故無失。跡每同人，心常異俗。此實行之宗要，要力圖之。

前雖斷簡，病有難除者，但依法觀之。若色病重者，當觀染色都由想爾，想若不生，終無色事。當知色想外空，色心內妄，妄想心空，誰爲色主。經云：「色者想爾，想悉是空，何有色也？」又思妖妍美色，甚於狐魅。狐魅媚人，令人厭患，爲厭患故，永離邪婬；妖艷惑人，令人愛著，乃致身死，留戀彌深。又觀色若定是美，何故魚見深入、鳥見高飛，仙人觀之爲穢濁、賢人喻之爲刀斧？一生之命，七日不食，便至於死。百年無色，翻免夭傷。故知色者，非身心之切要，乃性命之讎賊，何須繫著，自取消毀？

若苦貧者，亦審觀之。誰與我貧？天地平等，覆載無私，我今貧苦，非天地也；父母生子，欲令富貴，我今貧賤，非父母也。人及鬼神，自救無暇，何能有力，將貧與我？進退尋察，無所從來，乃知我業也，乃知天命也。業由我造，命由天賦，業之與命，猶影響之逐形聲，既不可逃，又不可怨。唯有智者，善而達之，樂天知命故不憂，何貧之可苦也？故莊子云「業入而不可舍」爲自業，故貧病來入不可舍止。經云：「天地不能改其操，陰陽不能回其業。」由此言之，故真命耳，非假物也，有何怨焉？又如勇士逢賊，無所畏懼，揮劍當前，羣寇皆潰，功勳一立，榮禄終身。今有貧病，惱亂我身，則寇賊也；我有正心，則勇士也；用智觀察，則揮劍也；惱累消除，則戰勝也；湛然常樂，則榮禄也。凡有苦事，來迫我心，不以此觀，而生憂慮，則如人逢賊，不立功勳，棄甲背軍，逃亡獲罪，去樂就苦，何可憫焉！

若苦病者，當觀此病，由我有身。若無我身，患無所託。經云：「及吾無身，吾有何患？」次觀於心，亦無真宰，內外求覓，無能受者。所有計念，從妄生心。若枯形灰心，則萬病俱泯。若惡死者，應思我身是神之舍。身今老病，氣力衰微，如屋朽壞，不堪居止，自須捨離，別處求安。身死神逝，亦復如是。若戀生惡死，拒違變化，則神識錯亂，失其正業。以此託生，受氣之際，不感清秀，多逢濁辱。蓋下愚貪鄙，實此之由。是故當生不悅、順死不惡者，一為生死理齊，二為身後成業。若貪愛萬境，一愛一病。一肢有病，猶令舉體不安，況一心萬病，身欲長生，豈可得乎？凡有愛惡，皆是妄生。積妄不除，何以見道？是故須捨諸欲，住無所有，除情正信，然後返觀舊所愛處，自生厭薄。若以合境之心觀境，終身不覺有惡。如將離境之心觀境，方能了見是非。譬如醒人，能觀醉者為惡，如其自醉，不覺其非。經云：「吾本棄俗，厭離世間。」又云：「耳目聲色，為子留衍，鼻口所喜，香味是怨。」老君厭世棄俗，獨見香味是怨，嗜慾之流，焉知鮑肆為臭哉！按：此篇校正十九字。

泰定第六

夫定者，出俗之極地，致道之初基，習靜之成功，持安之畢事。形如槁木，心若死灰，無感無求，寂泊之至，無心於定，而無所不定，故曰泰定。莊子云：「宇泰定者，發乎天光。」宇則心也，天光則慧也。心爲道之器宇，虛靜至極，則道居而慧生。慧出本性，非適今有，故曰天光。但以貪愛濁亂，遂至昏迷。澡雪爾心，復歸純靜，本真神識，稍稍自明，非謂今時別生他慧。慧既生已，寶而懷之，勿以多知而傷於定。非生慧難，慧而不用難。自古忘形者眾，忘名者寡。慧而不用，是忘名也。天下希及之，故爲難。貴能不驕，富能不奢，爲無俗過，故得長守富貴；定而不動，慧而不用，爲無道過，故得深證真常。莊子云：「知道易，而弗言難。知而不言，所以之天；知而言之，所以之人。古之人，天而不人。」慧能知道，非得道也。

人知得慧之利，未知得道之益。因慧以明至理，縱辯以感物情，興心徇事，觸類而長，自云動處而常寂，焉知寂者寂以待物乎？此行此語，俱非泰定也。智雖出眾，彌不近道，本期逐鹿，獲兔而歸。所得太微，良由局小。莊子云：「古之治道者，以恬養智。智生而無以智爲也，謂之以智養恬。智與恬交相養，而和理出其性。」恬智則定慧也，和理則道德也。有智不用，而安其恬，積而久之，自成道德。然論此定因，爲何得成。或因觀利而見害，懼禍而息心；或因損捨滌除積習，心熟同歸於定，咸若自然。疾雷破山而不驚，白刃交前而不懼，視名利如過隙，知生死如潰癰，故知用志不分，乃凝於神。心之虛妙，不可思也。

夫心之爲物也，即體非有，隨用非無，不馳而速，不召而至，怒則玄石飲羽，怨則朱夏隕霜，縱惡則九幽匪遥，積善則三清何遠。忽來忽往，動寂不能名；時可時否，蓍龜莫能測。其爲調御之難，豈鹿馬所能比？故太上老君，運常善以度人，升靈臺而演妙，略三乘之因果，廣萬有之自然，漸之以日損有爲，頓之以證歸無學，喻則張弓鑿矢，法則挫鋭解紛。修之有常，習以成性，黜聰隳體，嗒然坐忘，不動於寂，幾微入照。履殊方者，了義無日；遊斯道者，觀妙可期。力少功多，要矣妙矣。按：此篇校正八字。

得道第七

夫道者，神異之極致也，靈而有性，虛而無象，隨迎不測，影響莫求，不知所以然而然。通生無匱謂之道，至道得之於古，妙法傳之於今。循名究理，全然有實。上士純信，克己勤行，虛心谷神，唯道來集。道有深力，徐易形神。形隨道通，與神合一，謂之神人。神性虛融，體無變滅，形與之同，故無生死。隱則形同於神，顯則神同於形，所以蹈水火而無害，對日月而無影，存亡在己，出入無門。身爲滓質，猶至虛妙，況其靈智益深益遠乎？生身經云：「身神並一，則爲真身。」又西昇經云：「形神合同，故能長久。」然虛無之道，力有深淺，深則兼被於形，淺則唯及於心。被形者，神人也；及心者，但得慧覺，而身不免謝。何耶？慧是心用，用多則心勞。初得少慧，悅而多辯，神氣漏洩，無靈潤身，遂致早終，道故難備。經云「尸解」，此之謂也。

是故大人含光藏輝，以期全備。凝神寶氣，學道無心，神與道合，謂之得道。經云：「同於道者，道亦得之。」又云：「古之所以貴此道者，何不曰求以得，有罪以免耶。」山有玉，草木以之不彫；人懷道，形骸以之永固。資薰日久，變質同神。鍊神入微，與道冥一。散一身爲萬法，混萬法爲一身。智照無邊，形超靡極。總色空而爲用，合造化以成功。真應無方，其惟道德。西昇經云：「與天同心而無知，與道同身而無體，然後天道盛矣。」謂證得其極者也。又云：「神不出身，與道同久。」且身與道同，則無時而不存；心與道同，則無法而不通；耳與道同，則無聲而不聞；眼與道同，則無色而不見。六根洞達，良由於此。近代常流，識不及遠，唯聞捨形之道，未達即身之妙，無慚己短，有效人非，其猶夏蟲不信冰霜，醯雞斷無天地，其愚不可及，何可誨焉！校正七字。

坐忘樞翼第八

夫欲修道成真，先去邪僻之行。外事都絕，無以干心，然後端坐，內觀正覺。覺一念起，即須除滅。隨起隨制，務令安靜。其次雖非的有貪著，浮游亂想，亦盡滅除。晝夜勤行，須臾不替，唯滅動心，不滅照心，但冥虛心，不冥有心，不依一物，而心常住。此法玄妙，利益甚深，自非夙有道緣，信心無二者，莫能信重。雖知誦讀其文，仍須辨識真僞。所以者何？聲色昏心，邪佞惑耳，人我成性，自是病深。心與道隔，理難曉悟。若有心歸至道，深生信慕，先受三戒。依戒修行，在終如始，乃得真道。

其三戒者，一曰簡緣，二曰無欲，三曰靜心。勤行此三戒而無懈退者，則無心求道，而道自來。經云：「人能虛心無爲，非欲於道，道自歸之。」由此言之，簡要之法，實可信哉！實可貴哉！然凡心躁進，其來固久，依戒息心，其事甚難。或息之而不得，暫得而還失，去留交戰，百體流汗，久久乃能調熟，莫以暫收不得，遂廢平生之業。

少得靜已，則行立坐臥之時，涉事喧鬧之處，皆須作意安之。有事無事，常若無心，處靜處喧，其志唯一。若束心太急，急則成病。氣發狂癡，是其候也。心若不動，又須放任，寬急得中，常自調適，制而無著，放而不逸，處喧無惡，涉事無惱者，此真定也。

不以涉事無惱，故求多事；不以處喧無動，故來就喧。以無事爲真定，以有事爲應跡，若水鏡之爲鑑，則遇物而見形。善巧方便，唯能入定。發慧遲速，則不由人。勿於定中，急急求慧，求慧則傷定，傷定則無慧。定不求慧，而慧自生，此真慧也。

慧而不用，實智若愚，益資定慧，雙美無極。若定中念想，則有多感，眾邪百魅，隨心應現，真人老君，神異詭怪，是其詳也。唯定心之上，豁然無覆，定心之下，曠然無基，舊業永消，新業不造，無所纏礙，迥脱塵網，行而久之，自然得道。

夫得道之人，心有五時，身有七候。

心有五時者，一，動多靜少；二，動靜相半；三，靜多動少；四，無事則靜，事觸還動；五，心與道合，觸而不動。心至此地，始得安樂，罪垢滅盡，無復煩惱。

身有七候者，一，舉動順時，容色和悦；二，夙疾普消，身心輕爽；三，填補夭傷，還元復命；四，延數千歲，名曰仙人；五，鍊形爲氣，名曰真人；六，鍊氣成神，名曰神人；七，鍊神合道，名曰至人。

其於鑑力，隨候益明。得至道成，慧乃圓備。雖久學定，心身無五時七候者，促齡穢質，色謝歸空，自云慧覺，復稱成道，求諸通理，實所未然，可謂謬矣。按：此篇雲笈七籤中未採入，別本有之。

民國二十四年（一九三五年）二月翼化堂善書局初版

白雲齋 著　汪怡寬 增輯　常遵先 加註

五息直指

增輯五息直指闡微原序

古來攝生者，必推本於易。孔子稱：「生生之謂易。」易之發端，日月循環，自强不息。子思曰：「不息則久。」孟子曰：「日夜之所息。」然則息也者，天人交接之路，謂之得其生，戕之因而死，此人之存亡一大關頭也。王叔和難經曰：「人之於息，一呼一吸爲一息，晝夜共一萬三千五百息。」日在於天，一息之間，行五十三萬餘里。天之至大至高，未可窮盡。天之下，地之上，兩間空虛，謂之太虛，内具先天一炁，運轉無已。老子曰：「天地之形如橐籥，靜而闔，動而闢。」人亦似之，天人一耳。人苟窮未生前，七情未有，五蘊本空，只一圓明覺照，便省夫息之所起所歸處。既知息之所在，則神炁混一，爲先天一炁。苟不知靜而愈入、動而愈出之機，則身中祖炁，必爲天之所盜，盜盡形即死矣。知之，則動而採，靜而養，天之氣亦爲人所盜，久而充滿，則形神俱妙，歷劫長存矣。是故能盜天炁者，自得長且久也。人知自心爲息，於精炁神三者，可會爲先天一炁耳。歷代真仙，都以神炁相注，息念俱停爲法。無如「息」之一字，人總不知，所知者鼻息耳。即鼻息能知其注，亦能養育形骸，久之真息亦能内現。真非鼻之呼吸，乃莊子南華云：「真人之息以踵。」踵者，息息歸臍，下通炁海，上透靈都，即生身之處，得藥成胎之所也。人不本此，泥形著相，日隨邪師僞說，非但枉費心思，誤己誤人，而竟不知，豈不哀哉？

余幼愚鈍，如周利盤迦，憶持一句「迦陀」，竟得前遺後，尚云他乎？故先司馬，只以淺近教余數息，庶可清雜念，爲默識助耳。余遵行殊驗，緣未了至理，不遑請益。後讀天台止觀法，又以調息爲津梁。每一調息，塵勞頓却，心更喜之。奈易因循，不免暴棄。幸得冶城白雲齋鍊師來訪，勸余力學，遂振其志，漸有所進。

鍊師字明之，別號在虛子，好修養，然不畏奔走之苦，訪道於齊魯楚豫五春秋，遇仙於陶山秦嶺之間，蒙指秘旨，歸證龍泉雲穴，掩關於華陽洞天，行所授秘法，整三載，覺充和粹盎，飄然似鸞鶴之舉。後遺所著，三教百家，淵源條貫，茹古含今，無不本此真法。先驗於己，而後闡發玄解，期於簡明易行而已。援古證今，法必歸正，不爲奇語欺世駭人，竟致麈尾，霏霏欲脫，懷慈普濟苦心人也。爲余誠訪道要，不忍自秘，以自著五息直指授之。余感鍊師慈惠，又得原息、踵息、胎息、混元息，退而次第力行之，竟恍得無極渾然、太極動靜之妙於目前，何曾須臾離天人交接處也！懇師將此公諸同志，使學者得有專一，不爲旁門所惑，同歸大道之域。覺世之功，師豈淺哉！

前下元丙戌長沙飛清居士顧纘紹原序

光緒五年再上元斗母誕日鉢陽靈玄子汪紹輔增輯原序

按 此序論五息法，覺近於理，惟措詞則儒、釋、道三家雜出，於文氣上稍有隔核，似未純也。下書「丙戌長沙顧纘紹原序」，又書「光緒五年鉢陽汪紹輔增輯原序」，閱之令人生疑。若說此序爲顧撰，則汪之「增輯」下又有「原序」二字；若說汪撰，而原文下又明明有顧之「原序」二字。玫編輯法，從來無此例。古人只有書文增輯，未見有原序可增輯者，後之讀者，亦必有此疑問焉。

增輯五息直指闡微加註序

古今中外人物之所以囿於天地造化者，陰陽之炁所鼓盪也。在天地爲閶闔，在人物爲呼吸。一呼一吸，是名一息。此乾坤中之一大道耳。吾人研究此道，無門户之見，無宗教之分，凡有關係於此道之書，必搜羅而攷證之，以闡揚我黄帝以道教人之本旨。此書爲石君得自友人寶藏，特贈翼化堂主人，願宏斯道。張君竹銘本揚善之旨，欣諾成之，因倩遵爲之加註。余檢閱，乃諸子書中之胎息法，辭義淺顯，可爲初學道者入門之行徑，故樂爲加註以正之，以全善念，以立道基，洩本文之隱微，立初步之階級。雖一息之末，亦足闡天地陰陽之妙竅焉。是爲序。

中華民國二十四年二月歲次乙亥湘陰常遵先叙於海上弘道軒

增輯五息直指闡微

加註

冶城在虛子白雲齋　原著
鉢陽靈玄子汪怡寬紹輔　增輯
湘陰瀟湘漁父常遵先　加註

打坐

入室打坐，先用厚褥，褥下安木饅首，抵穀道。雙單搭膝均可，左手安右掌上，放臍下。正身端坐，直起腰脊，耳與肩對，鼻與臍對，唇包舌藏，垂簾正視。心之元神，率意之真念，隨二目光注入鼻端，之臍下，至炁穴，任自然。如昏怠，行數息。

修養之道，本屬衛生術，原出黃帝內經。如陰陽應象論云：「聖人爲無爲之事，樂恬澹之能，從欲快志於虛無之守，故壽命無窮，與天地終。此聖人之治身也。」夫所謂無爲恬澹及虛無之守者，即靜坐之法也。故修養家，必擇空氣和平之處，精潔清淨之室，靜坐其間也。

按：安木饅首抵穀道一法，似可不必。攷黄帝内經，穀道通於大腸，乃外氣出入之門。若内炁起於神室，行於兩蹻及任督等脈，與穀道不通，故元炁之行，絕不至從穀道出也。垂簾正視者，即垂下眼簾，内視心神，率意中真念，隨兩目注於鼻端，漸至臍下炁穴，任炁息之自然，心神俱靜，無聞無見。如入昏迷怠忽之境，即行數息法，以振作精神。此乃入手從呼吸外氣之法也。

凡息

鼻息有四，曰風、喘、氣、息。息有聲曰「風」，息頻促曰「喘」，息往來不細曰「氣」，息緜緜不斷曰「息」。風則散，喘則戾，氣則勞，息則定，四者惟定，漸近於調，養育身形，是爲凡息。

素問篇岐伯對黄帝曰：「人一呼一吸爲息，呼吸定息，閏以太息，命曰平人。」是一呼一吸爲一息也。今曰鼻息者，承上文靜坐時，唇包舌藏，故只有鼻中氣息也。分爲風、喘、氣、息四說，亦與内經生氣論相同。又於四說中單取「定近於調」，頗得道家調養外氣之旨也。

觀息

息之用觀者何？爲人心易生念，想入非非，此想未了，彼念又來，心神勞瘁，日漸氣耗形衰，身死神離，復入輪迴，可不哀哉！修真者志在脱此，先當止念。念何以止？非觀不能。古云：「大道教人先止念，念頭不住亦徒然。」是即生死關頭也。法以觀隨念至，念在於息，觀在於息，念隨息之出入，觀隨息之出入，念念依息，息息必觀，觀定不移，念頭即住，久則風、喘、氣三者俱無，自得神炁合一歸根矣。此爲初學鍊念之法。念既鍊，然後五息可行。五息之法，基於此矣。

攷說文，解「觀」爲「諦視」也。既是用目諦視，必是有形之物。若鼻息，乃無形可觀，今而曰觀者，承上文閉目靜坐後而言也。蓋人之神系於兩目，神不注，目視也不見。因目隨神，神隨心，心隨意，意隨念也。此法以念隨息之出入，則心神意目皆隨之矣。久之，則息念俱隨内觀而定，自然合一歸根。天台觀止之法，其或即此乎？

第一法　數息

數息乃入手工夫耳。人爲物誘已久，心離境未能，即强制，復散亂。用心念專注於息之法，拴住心念不亂去，由息粗數起，至息細而止。從一息數至百千萬息不亂，則息自細。於中忽起別念，即重數，得百千萬息不起一念，纔得此心離境。漸漸純熟，再行調息工夫。數息雖拙法，最容易，最無病，非如高峯强行閉息，致人生病。第數息，原不及金母觀心、老子觀竅、吕祖行玉清凝神入炁穴諸秘旨之捷徑也，然數息實宜於初學。

攷數息法，出於抱朴子釋滯篇者最詳。其法云：「初學行炁，鼻中引氣而閉之，陰以心數至百二十，乃以口微吐之。及引之，皆不欲令己耳聞其有出入之聲，常令入多出少，漸自轉增其心數，久可以致千。至千則老者更少，日還一日矣。」頗與此法相同，特錄之以爲讀者備參攷云。

第二法　調息

調與數不同，數用意數，調無意調，只一念注在息頭。息頭即鼻頭。古云：「得來只在鼻尖頭。」此即觀止入門第一法，爲止念却魔之要旨。久則息自調。調到功深，漸近踵息。但人於調息，要常綿密，似存似亡，如是心定意靜，神炁歸根，機竅漸露。恍惚之中，不識不知，身心靜寂，只覺息念相依，神炁相合，達於口鼻者少，動於丹田者多，近於踵息。即行踵息，入真道矣。

胎息銘云：「三十六嚥，一嚥必先。吐唯細細，納唯緜緜。坐臥亦爾，行立坦然。戒於喧雜，忌以腥羶。假名胎息，實曰內丹。非只治病，決定延年。久久行之，名列上仙。」明朝王文祿疏云：「此胎息銘也。調氣嚥津，以補中宮元氣。每時三嚥。子時嚥之，尤養生也。」若合此法并參，或有得矣。

第三法　踵息

常人息以喉，真人息以踵。踵者，深至炁穴。炁穴即呼吸處，又曰四會田，黃庭經云「後有密户前生門，出日入月呼吸存」即此。但常人非不踵，爲神不內存，縱其馳外，不覺以爲喉耳。真人念常依息，神入炁穴，惟常綿密，存而無間，故得專氣致柔，抱一無離，虛極靜篤，方觀其復。踵者履踐虛竅，呼吸在此規中。學者於目中，神光一意注在息之深處，爲入炁穴竅內竅，心自虛靜，炁自充滿。百日功深，定有效驗。觀心愈靜，凝神愈圓，真息愈定，元炁愈足。此皆由凝神炁穴之效。在踵息之始，炁裏神凝，注於呼吸處，下至炁穴，呼降吸升，謂之運轉周天也。

按：踵息出莊子南華經大宗師章云：「真人之息以踵，眾人之息以喉。」玉篇云：「踵，足後也。」故莊子詮詁書中，胡淵如君曾引陳攖寧子之言曰：「息指內呼吸言。踵指奇經八脈中陰蹻脈而言。因此脈下起足跟，上行咽喉，本足少陰經別支，可通湧泉穴。眾人此脈常閉，真人以先天陽炁沖破此關，故能一呼上通天谷，一吸下達湧泉，晝夜循環罔間也。」書云：「摩頂放踵。」言上自腦頂，下至足跟也。攷仙家修養法，最重真炁上通泥丸、下達湧泉，攖寧子之言，深合要旨，且得「踵」字真義，似較確當，特錄之以正原解之誤。

第四法　胎息

踵息行久，意愈純，息愈微，神愈凝，炁愈養。息無呼吸，只有微息臍下往來，前降後升，如嬰孩在胞中。息歸臍，名胎息。神氣大定，自然而然，非比高峯强閉留注，在能一念內凝，神息相依。世人終日紛擾，神炁病困，全仗夜間一睡，始足日用。不然，本來清炁，爲濁所掩，況貪口腹，屢害生靈，不顧後世冤報償還。且食葷酒，易動淫念，醉後入房，心愛色慾，精洩炁耗，神傷壽促，日近於死，昏不自知。

抱朴子云：「行炁可以延年，其大要胎息而已。得胎息者，能以鼻口噓吸，如在胞胎之中，則道成矣。」豈此法亦脱胎於抱朴子者哉！

蒲團子按　「能以鼻口噓吸」，抱朴子原書爲「能不以鼻口噓吸」。此處或係刻誤。

至若真人，有息無睡。鍊此神炁，意一無紛，耳雖聞如未聞，目雖見如未見，正身端坐，意只凝神注呼吸處，息念相依，神炁相合，交於内竅，如雞抱卵，刻不離窩。又似火種，常在爐中，真炁日足，元神日旺，雌雄蟠虬，兩不相離，得與虛空同體，自與虛空同壽。定息七七，元陽氣生。定息百日，小藥工圓。定息七月，大藥已成。定息十月，便成胎仙。三年乳哺，九載面壁，出神入定，不離温養，非只漏盡，性具六通，身露雲霞，目似電光，入水不溺，入火不焚，隱顯莫測，陸地神仙，廣立功德，以感諸天，可期超舉，待作天仙。蒲團子

按「定息七月，大藥已成」，「月」原刻本作「日」，據前後文，當爲「月」，故改之。

胎息經云：「胎自伏氣中結。」幻真先生註云：「修道者常伏其炁於臍下，守其神於身内，神炁相合，而生玄胎。玄胎既結，乃自生身，即爲内丹不死之道也。」明朝王文禄疏云：「伏始結胎，胎結乃息。」此原始以示人，欲專氣致柔如嬰兒也，讀之足以證此段詞義之原理，須合攖寧子黄庭經講義參究，更易明了。

第五法　混元息

前云胎息定息工夫，定息既久，六脈俱停，口鼻毫無氣出，惟有虛通天竅，太虛混一，

沖盈兩間，只覺圓光包羅天地，久則不知物我色空，言思都絕，語默俱忘，神藏於炁，炁包乎神，一意沖和，包裹渾沌，如火種相續，丹鼎常溫。鍊能一刻，一刻周天。鍊能一時，一時周天。鍊成百日，積成大藥。鍊成十月，即成胎仙。鍊成三年，陽神出入。一定九載，超舉天仙。功德圓滿，待詔上昇。

抱朴子云：「凡服元氣，不隨麤氣出入。」因粗氣在腹，與元氣不同居也。顧保元氣可以祛病，服元氣可以延年，若凝神固精，與元氣混化，則神藏氣穴，久之自與乾坤陰陽之氣相貫通，而周天進退火候之功，鍊氣化神之妙，皆從此混元一炁以神其妙用，功成必可飛昇矣。

此皆息之成始成終。天地相交，不離這息；元會運世，不離這息；春夏秋冬，不離這息；旦晝昏夜，不離這息。須知這息，宜數宜調，宜踵宜定，終至混元。片刻工夫，一年節候。何況時日月與年乎，各具周天混元之化。欲盜天地之元炁，先定此息；欲得造化之真機，先奪此息。奈人日迷習染，不知數息、調息，其於踵息、胎息、混元息之妙，舉世之人更難知也。夫天地一晝夜，一萬三千五百息。人與天地同呼吸，人於凡息不知，何能知真息耶！

無能子云：「天地未分，混元一炁。天地既位，陰陽氣交。」人與物共浮於天地之中，一炁而已。息者，氣之呼吸也。元息者，呼吸之在内也。行在内，可以盜天地混元之化炁；行在外，不能奪天地造化之真機。唯仙家能於片刻工夫，可以吸天地古今四時之真炁於一息之間焉。欲精此理，可熟讀張紫陽真人金丹四百字序，則得之矣。

總之，人被陰陽陶鑄，囿於炁數，報以因果，夭壽不一。雖逃業報，一旦墮落，是可悲哀。至人畏天報施，不敢妄行微惡，知炁盈神附則生，悟炁耗神離即死，當知一息尚存，性命還能自主，能行五息，自脱三途。果辛苦二三年，定快活萬千劫。化盡陰精，鍊成陽神，返本還原，便成聖體。聚則成形，散而金光，放之通乎十極，歛之隱於針鋒。蓬萊咫尺，金闕須臾。最上乘法，不過五息，何用九還，方能證果，形神俱妙，與道合真是也。

至遊子真誥篇中乖崖子曰：「吾守一泓之氣，不能與造化爭焉。人之夭壽，囿於炁數，然皆自墮之也。」若至人鍊三元之真炁，結五臟之靈光，靜息凝神，則胎養氣化，三年有成，九載超舉，無不由此五息漸進而成耳。

按：五息法一書，亦道家入手工夫，似出於北七真邱長春真人一派，可爲入門之助。至云「最上乘法，不過五息，何用九還，方能證果」，顯與前段「百日鍊藥」「十月成胎」「三年入定」「九載出神」等語，自相矛盾。吾故謂其措詞文氣不純也。所以註付剞劂者，因初學每苦無入手法，藉此爲之引耳。

原息

坐非空坐，數息、調息、踵息、胎息至混元息，自心爲息，息念相依而已。其秘訣由二目對視臍後炁穴，久則念歸於一，心靜極，踵息即現。此越數息、調息，而直以踵息爲始也。苟不得觀息之秘，徒知數息以止雜念，調息而無風喘，均屬後天呼吸，不離口鼻，非真呼吸也。至於觀踵息根深炁穴，觀胎息動在中宮，觀混元息與天爲一，此三息乃真人之息。若數息、調息，乃有形呼吸，爲後天口鼻出入，只能養育身形耳。踵息、胎息、混元息，出於古書，得讀者少，固難普通咸知也。

此即儒家止定靜安之道、釋家了空觀止之機，然原理都出諸子書中，頗有研究之價值耳。

夫人之生，以炁爲本，以神爲體，以意爲用，以心爲根，以腎爲蒂。心腎相去，八寸四分，中有一脈爲衝脈，前有一脈名任脈，後有一脈名督脈。上之中前後，總會處，爲月窟，即午宮也；下之中前後，總聚處，爲天根，即子宮也。踵息由於衝脈。凡呼吸在外，要出入漸微；真呼吸在內，要動靜漸定。如人在胞胎中，息原於臍，及出母腹，息歸三田，知識漸開，物欲漸染，三田脈隱，落於後天，有形氣息，則由鼻口出入矣。世人知踵息根源者少，如有志求知，原結道緣。

此理多出黃帝內經，亦養生術之一要旨，修養家不可不知也。

欲悟踵息真機，工深靜篤。須知衝脈乃中宮正脈，上通山根，至崑頂；下通臍內，至炁穴；中爲應谷，即橐籥。臍後腎前之間，古謂之陰陽竅、戊己門、十子路、四會田、生身處、復命關、虛無窟、無孔笛、玄牝門、呼吸處、慧命宮、長生窟、內玄關、神炁穴，異名雖多，總是這處。衝脈之上，爲外玄關；衝脈之中，名中玄關；衝脈之下，即內玄關。爲理之所以存，欲之所以去，陽之所以進，陰之所以退。呼闢吸闔，神會炁聚，實爲緊要關口。蓋息之一呼，百脈俱闢；息之一吸，百脈悉闔。闢則陽舒，闔則陰歛。闢者玄，闔者牝。一闢一闔之間，即玄關也。闔闢風生，又名橐籥，順乎自然，又名巽風。呼原性海，吸歸命蒂。莊子南華又名「踵息」。訣云：「呼吸至根蒂，長生乃可冀。」

此段意義，與各丹經法理相通，又與邵康節乾坤闔闢圖相貫，其議論亦不可多得者。

呼則炁戀神，由後升而前降，於中自鼓；吸則神戀炁，由前降而後升，於中自納。鼓納之機，似天之橐籥。橐籥者，呼吸出入，天人相盜之機也。呼則動時愈出，吸則靜時愈入。呼吸之機，非但上下相應乎中，而逆轉迴環，前後無休，似河車運行不已也。學此得觀息之秘密，即知中宮消息，爲首先下手之處也。不得其人，不可妄授。知者必先種德，苟不積善，妄行遭譴。懍之慎之！

此段承上文，以盡言呼吸之義。所云「炁戀」「神戀」，即仙家炁與神合之旨。故一鼓納，可以通天地橐籥之機，洵爲見道語耳。

民國二十四年（一九三五年）二月翼化堂善書局初版

黔中積善堂　述　陳攖寧　評註

旁門小術錄

旁門小術錄原序

旁門者，顯與道違者也；　小術者，隱與道違者也。夫大道至玄至妙，至簡至易，不雜一毫私意，不參一毫欲念，方是道根。凡不合夫天地之氣運，不合夫聖賢之正理，不合夫性情之存廢者，皆屬旁門小術。然旁門小術極多，吾欲詳指之，又恐傷忠厚；　欲隱忍之，又恐誤後學。故特將塵世之大壞心術、大壞玄門者，姑舉數十條，以塞其流毒，亦是拔出深淵救出火坑之婆心也。凡修士有墮此術中者，急早回頭，亡羊補牢，亦不爲晚。若固執不通，自害而復害人，不惟不能結大緣，而且難望好結果矣。萬佛緣在邇，當時修士共凛之；　三清殿有路，後世修士嚴辨之。

旁門小術錄陳序

張君竹銘者，好古敏求之士也。承其先代遺風，嘗以弘揚道術爲己任，搜羅古籍，刊印流通，學者稱便。今又覓得鈔本旁門小術錄一册示余，謂擬付手民，公開傳布，免使世之學道者誤入歧途，意甚善也。惟此書不知何人所作，無著者姓氏，内有七言詩歌十首，六言詩歌一首，歷舉種種旁門小術之害，從而闢之。余細審各術中，有當闢者，有不當闢者，其論調中有精確不移者，亦有似是而非者。夫旁門小術，既誤人矣，而闢旁門者漫無別擇，任意批評，致令後學讀彼所說，先入爲主，拘於一孔之見，習於一家之言，再轉而看古今各派丹經秘籍，反覺格格不入，豈非誤之又誤乎？余自髫齡學道至今，已有三十五年經驗，自信爲識途之老馬，爰本客觀的地位，歷史的眼光，於每篇之後，加以按語，庶幾乎使世之學道者，一不至誤於旁門，再不至誤於闢旁門者。

中華民國二十四年一月即黄帝紀元四千六百三十一年皖江陳攖寧作於滬上

旁門小術錄

黔中積善堂　述　陳攖寧　評註

第一首　闢採戰

錯認彼我當作真，誰知陰陽在本身。買妾宿娼行採戰，欲奪元氣補精神。豈有蓬萊仙家客，反類浪子貪淫行。

夫曰「彼」者，即少郎，即元陽也；曰「我」者，即美女，即元神也。蓋以本身之陽炁，點本身之陰神，使神炁混合爲一，便謂成道。而旁門，則謂我爲男子，彼爲女子。於是有買美女以豢養之，使外黃婆探其壬癸將至，行採戰以奪元氣者；有買美妾，宿娼妓，行採戰以奪元氣者。是皆錯認「彼」「我」二字，犯了首惡，天律王法冥刑俱不能逃，安望成仙哉？如此而欲成仙，則蓬萊仙山盡皆浪子淫婦矣。平心而論，有是理耶？有是理耶？此條害人極大，古佛故首戒之。

攖寧按　「彼」就是指他人而言，「我」就是指自己而言，在古人並未用錯，在今人亦未解錯。若曰彼是元氣，我是元神，則元氣、元神之名稱，在各家丹經中，數見不鮮，何必又弄出「彼」「我」二字來代替「神」「氣」二字，豈非畫蛇添足乎？採戰行爲，乃世間狂夫惡少所用，未可與金丹大道混爲一談。況各家丹經早已闢之矣，用不着後學再來饒舌。至於買妾宿娼這一類的事，關乎國家法律問題。法律若有明文禁止，他們自然有罪；法律若無明文規定，他們就可以自由行動，用不着我們越俎代庖，況且我們也實在無權可以干涉。至於天律冥刑，在現在這個時代說出來，人家未必相信，還是不談爲妙。

第二首　闢試劍

修道最要念頭清，先鍊慧劍斬淫根。不知鍊劍反試劍，猶如猛火添油薪。任是降龍伏虎手，難免滲漏成濁精。

念頭不起，純是先天；念頭一起，已落後天。念頭若清，後天中猶存先天；念頭不清，後天中全無先天。念頭莫過於淫念，淫念一動，靈氣散矣；淫念久住，靈氣亡矣。修道者不怕念起，只怕覺遲。夫覺，即慧劍也。即覺即斬，隨覺隨斬，時常覺照，淫根自然斷絕。此謂之大覺，此謂之鍊劍。彼旁門不知鍊劍妙法，反以男女交媾爲試劍，謂不動念則劍利，謂一動念則劍鈍。試問陽舉之時，從無念起乎？從有念起乎？若無念而陽自舉，此屬先天，正好採取；若有念而陽始舉，此屬後天，正宜降伏。乃不降伏而反去行淫，非猛火添油薪而何？斯時也，元神不能作主，盡是識神用事，則元精必成濁精矣，欲其不滲漏不走洩也，吾不信也。此痛斥試劍者之非。

攖寧按　全部書中，止有此一段講得最好。除讚美而外，無可批評，望閱者注意。

第三首　闢周天

陽舉風吹引尾閭，數次不散起周天。三十六次陽火進，陰符接用廿四全。試問塵世修真者，此法攷自何仙傳。

陽舉引風吹散，正法也。若陽不息，自有秘訣。行小術者，乃起小周天三十六，從尾閭至夾脊上玉枕至泥丸而止，此爲進陽火。又從泥丸下十二重樓，聽其自落，如此者二十四次，此爲退陰符。接用從右圈左三十六，從左圈右二十四，以合周天之數。行畢，凝神打坐，謂之沐浴，謂之補閏餘。不知周天甚活，拘拘數之，將心意盡於外功，神何能安？丹何能結？亦徒勞無功耳。此言小術之當戒。

攖寧按　小周天進陽火、退陰符之法，本是北派口訣，在南派中不必一定要用此法，也不必一定不用此法，乃是看事行事。至於右圈三十六、左圈二十四之法，性命圭旨中法輪自轉一圖，與此法大同小異，的確是無用處。若在玄要篇鉛火歌中，則「左右」二字，即等於「前後」二字之用，比圭旨又不同矣。

第四首　闢滚轆圖

滚轆圓圖轉胸前，妄説傳自兩口仙。强用方術把性鍊，未識真性是先天。仙佛傳下安神法，妙無作爲聽自然。

滚轆圖者，默想大圈於胸前，以大圈轉爲小圈，將性束縛，謂之鍊性。此方術也，豈呂祖而傳此乎？其誣呂祖實甚。蓋真性極虛靈，成仙成佛，皆是此性。如默一圈可以束性，即默一圈可以束仙佛矣。此理易明，不待智者能辨，何竟墮諸術中而不覺也？仙佛傳下安神之法，即鍊性之法，妙合自然，不假强爲，自能使性圓明，以成大道。吾隨古佛巡查，所見旁門小術不少，特載於書，免誤後學。

攖寧按　大圈變小圈，不過是一種收心的方便法子，免得心中胡思亂想。雖然不是大道，但亦不至於害人，比較死守身中某一竅之法，高明得多。蓋守竅之法，做得好，頗有效驗；做得不好，就要得一種怪病，百醫無效，束手待斃。反不如權且在胸前變幾個活圈套，尚不至於出毛病。

第五首　闢吐納

朝朝面東口朝天，鼓起眼睛聳着肩。吐盡濁氣納清氣，脱胎换骨返童顏。那知戾風入臟腑，下田臟脹命難延。

納氣之術，晨早向東，鼓眼聳肩，以大口吸之，將清氣納於內，濁氣吐於外，謂可成仙成佛。那知遇着戾氣，積於五臟六腑，久之，下丹田臟脹，胸前壅塞，竟自有脹死者。噫！求道無法，死於非命，可笑亦可憐。

攖寧按　吐納之法，乃古代修鍊家所常行者，甚有用處。其法亦分上中下三等。狐仙正派者都用此術修鍊，妖邪者即採補矣；　深山窮谷鍊劍之士，亦非用吐納工夫不可；　世間最上等專門推拏按摩醫士，亦要練習吐納，方能運氣於手指；　少林派武術真傳氣功，亦有吐納口訣。此公不明其中奧妙，妄肆詆毁，殊屬非是。

又按　唐宋以後的人，對於仙佛兩家學説，不肯虚心研究，若非彼此互相攻擊，就是籠統混爲一談。此公開口即曰「成仙成佛」，又曰「仙佛傳下安神之法」，後面又説「一部仙佛真傳，言之了了」等語。不知成仙者未必成佛，學佛者未必學仙；　仙道是中國自黄帝以來所獨有的，佛教是漢朝由印度傳到中國來的。本是兩條門路，如何能得同樣的前程？仙佛果可以結通家之好，則孔子當與耶穌聯盟，釋迦牟尼與穆罕默德何不拜把兄弟乎？

第六首　闢忍饑

癡人妄想做神仙，忍渴不飲饑不餐。自成餓鬼三途墮，反望飛昇大羅天。許多聰明被此誤，意魔一起外魔纏。

渴則飲，饑則食，養生之理也。修道者，元氣充溢，煙火可絕，然而不飲不渴，不食不饑，方成神仙。乃竟有求仙癡人，閉門靜坐，不講修真妙法，而徒忍饑忍渴，雖餓死而不辭。信如斯言，則凡世之饑而死者，不皆列仙籍乎？吾見許多聰明之士，竟爲旁門所誤，此蓋癡心妄想，意魔一起，而外魔即將命索之矣。癡人早尋真師可也。

攖寧按　學道者忍饑忍渴，或有難言之苦衷。人情誰不欲飲甘露、食佳珍？無奈爲環境所困，未能如願以償，甚至求一飽而不可得。終日皇皇奔走，無非爲糊口計耳。若一朝閉門靜坐，不能分身出外營求，則生活上自然要發生問題。然又不肯以口腹之累，遂生退悔之心。於是節衣縮食，以苟延歲月。有一日一餐者，有兩日一餐者，有辟穀服氣者，有以藥草代食者，有以木葉代食者。其志可嘉，其情可憫，吾人哀矜之不暇，豈忍從而謗之乎？ 此公既不贊成此舉，何不出其私財，爲天下苦行學道者謀一安身之所，供給彼等衣食之需，免其受凍挨饑，不亦善乎？

又按 「早尋真師」這句話，實在可笑。真師一不登廣告，二不散傳單，三不掛招牌，四不吹牛皮，五面上又没有特别記號，天下如此之大，一般學道者從何而知某人就是真師，某真師住在某省某縣、某山某洞、某街某巷？ 請問如何尋法？ 我老實說一句，真師是可遇而不可尋。

第七首　闢種火添油

無端種火妄添油，鼻吸清氣向外求。引上泥丸雙關止，逆而行之下重樓。無火弄火復止火，枉費精神到白頭。

世有種火添油之法，以鼻吸天地之清氣，用意引上泥丸，至雙關而止，復由雙關轉上泥丸，過上雀橋，嚥下十二重樓，至中田而止。本無邪火就是好事，而乃故意弄火，復又止火，是何法也？ 是何道也？ 誤用精神，雖至白頭，猶是有生死的凡夫。其於金丹大道全未夢見，盲修瞎鍊何益。

攖寧按 種火添油之法，南北兩派都有，但不如此簡單。此公所言，非種火添油之真訣。

第八首　闢五龍捧聖

最厭盲師冒仙才，五龍捧聖任意猜。橐籥出爐誇絕技，物塞大便更癡呆。詐人財物誤性命，死受冥刑生受災。

此法出自方士，當陽舉之時，即鼓巽風猛烹急鍊。若不散，凝神交戰一二候，以五指捧腎，緊握龍頭，如手淫一般，名爲「橐籥出爐」。用「撮」「抵」「吸」「閉」四字訣，將非法所成之濁精，從三關逆上泥丸，吞入黃庭，接起周天，圈左圈右，共六十次。又有謂大藥過關之時，必用木器緊將大便抵塞，以防走丹。蓋大藥過關，下雀橋自有路徑衝入尾閭直上，與大便何相干涉，而乃妄以酷刑處己哉？此二法，盲師視爲秘訣，詐人財物，戕人性命。玄門壞到這步田地，則生前豈能免大災，死後豈能逃冥刑乎？修士急宜猛省。

攖寧按　此法乃江湖術士騙錢之用者。上海十年前，有一人住東亞旅館中，大傳其道，就是這個法子。從學之人雖衆，受害者實不多。因爲上海人比較内地，究竟滑頭一點，所以不會吃大虧。

第九首　闢身外求方

身藏仙丹藥最靈，何勞奇方身外尋。金石妄服多虧損，紫河車味臭難聞。更有下愚無知輩，自食敗精類畜牲。

身中元氣，即是仙丹，不意旁門野道，竟於身外尋求奇方。或鍊金石服之，自速其死；或將紫河車食之，同類相殘。尤可恨者，男女交媾後，自餂敗精，此與牛馬狗彘何殊？謂食敗精而可成仙，則牛馬狗彘不亦盡上天堂乎？此由丹書「服食」二字誤之也。看書固要明理，尋師尤要有識。

攖寧按　內丹是自己身中鍊的，外丹須要在身外尋求，不能一概而論。假使一概都在自己身中，就不必有內丹、外丹之分別了。紫河車，中國藥店皆有預備。金石之類，中醫、西醫亦常用之，不過中醫用原料，西醫用化學製造，有不同耳。近代新醫術以雌雄動物生殖器中內分泌物作藥，或注射，或服食，風行一世，請問又將如何批評？

第十首　關搬運法

欲使周身骨節通，自誇搬運是神功。龜首繫纏龜難死，龍頭顛倒龍愈雄。還有名爲八段錦，一切蠻幹似癲瘋。

吸氣一口，運至下田，從兩腿至膝至脚背，轉入湧泉穴，又從脚後跟至腿後，上陽關透過雙關夾脊，上兩膀至手背，翻入手心，又從手彎至後頸，上玉枕，至泥丸，下雀橋，接下十二重樓，落於丹田，爲一周天。

睡時用長帕將陽具包裹，以繩纏起，然後將帕與繩，從背後繫於頸上，側睡，防陽舉走丹。

又有一法，亦用長帕與繩將陽具包纏，從當門繫於頸後，以上頭對下頭，兩目緊緊瞧着。

又有八段錦之法，搖頭擺尾；拭腹，從上而下三十六次；叩齒三十六次，津液嚥下；兩手叉腰，周身故意擺動；兩手掄拳用力如打人狀；將頭左掉右掉反視兩脚後跟；以兩脚尖立地，十指相對，上齊眉，下齊地，名「周公禮」；獨脚站立，用力舒腿。行畢了，仰天出三口大氣，名「吐五濁氣」。每日飯後如此，困倦亦如此。

一切旁門，蠻幹已極，好似癲了瘋了。一般行之者，亦欲却病延年，亦欲成仙成佛，吁！實可笑也。

攖寧按　導引吐納之法，若能善用，的確可以却病延年；不善用之，則有流弊。蓋等於醫生用藥一樣的道理，要看對症與否。若對症，雖毒藥也能救命；不對症，縱良藥亦能殺人。做內功的，若不懂外功，難免要做出病來，所以八段錦一類的運動，也是不可少的。此公不管好歹，一概闢之，自己蠻幹不說，偏說別人蠻幹。

第十一首　闢黃白法

點石成金鐵成銀，黃白僞術惑貪人。創造丹室與丹器，妄說萬兩始能成。豈知修鍊在心性，不分富貴俱可行。

以黃白術惑人者，謂此丹鍊成，可以點石成金，點鐵成銀。於是遍訪貪污之人，勸伊出銀，或數百兩，或數十兩，約湊數千之譜，始可興工鍊丹。有丹可點金銀，從心所欲，孥來創造極華麗之丹室、極精巧之丹器，以及鮮衣美食。服役侍從，皆賴此丹點之以足用。此騙局也，人多墮此計。人各有心，人各有性，不分富貴，得法修之，俱能有成，安用黃白術爲哉？安用丹室丹器，一切華美爲哉？貪人其深思焉可。

攖寧按　黃白術，有假有真。假的是方士用以騙財，真的是玄門用以自濟。被騙者，內有兩個人，我是曉得的，都是大資產階級中人，雖損失數千金，等於拔九牛之一毛，毫不感受痛苦。真會點金術者，自己有力量就做，没有力量就不做，决不去逢迎巨商大賈、權勢官僚，與他們合作，更不肯把我們老祖宗數千年遺傳的神術，公開宣布。若一傳世，難免不讓外國人得着去了。

第十二首　鬭背劍抱月

手捧腎囊拭下田，九九陽數左右全。蘇秦背劍真難過，懷中抱月笑温丹。反躬曬肚情更苦，自投羅網太迂酸。

以左手捧腎囊，右手拭下丹田八十一次；右手捧腎囊，左手拭下丹田八十一次。又有蘇秦背劍之法，用一蛾眉樹，改成蛾眉板，憑著壁頭，以拱處抵背，將髮繫在板上，上綑右手，下綑左脚，動作不得，動必傾跌，然後將財物盜去，將婦女污辱。又有懷中抱月之法，當寒冷之時，用銅瓶裝開水放在臍上，兩手捧着，名爲「温丹」。又有曬丹之法，用極彎之木拱起，仰臥其上，名爲「曬丹」。這些旁門，本不近情，愚人多爲所弄，自投羅網，何其迂也！

攖寧按　捧腎囊，摩下丹田，這個法子，是治遺精用的，有時頗見靈驗。蘇秦背劍，是强盜行爲，如何能相提並論？此公頭腦不清，竟至於此。銅瓶裝水，等於現在所用之熱水袋；仰臥曬腹，等於現在之日光浴。我不知對於人身有可害處，要煩此公之口誅筆伐？

第十三首　闢臍下結丹

目注臍下一寸三，此係臭囊怎結丹。毛際外腎俱無益，妄安鼎爐指玄關。周身孔竅的真處，毫釐稍差隔天淵。

臍下一寸三分，此處極虛，此處極臭，謂結丹在此，亦妄人也。有觀毛際者，有觀外腎者，然真鼎真爐俱不在是，觀之何益？周身穴道，不得真傳，終屬疑似，切勿自恃。

攖寧按　臍下一寸三分，雖非丹家必要之處，但偶爾亦有連帶關係，不能完全撇開。所謂極臭者，不過因大腸中有糞耳。請問結丹是否結在大腸中間？與臭不臭有何交涉？

第十四首　歸於清靜自然

三千六百旁門，難以一一指明。凡有作爲皆假，清淨自然乃真。萬殊歸

於一本，三乘約於一心。以我鍊我最妙，長生火內生金。邪正昭然若揭，何去何從有憑。果能棄邪歸正，定許白日飛昇。

旁門甚多，難以書之竹帛，故以凡有作爲該之。清清淨淨，自自然然，乃是先天大道，乃可成仙成佛。以一「性」字了之，以一「心」字約之，則形神俱妙矣。

金，陽也，生於長生火內。

一部仙佛真傳，或邪或正，言之了了，觀者猶不知棄取耶。棄邪歸正，仙佛度人之心也。

此首結通部。

攖寧按　「清靜自然」，本是一種好字眼。表面上看起來，似乎合理，實在做起來，竟無下手處。若不從後天做起，如何一步就會跳到先天道上去？「仙」「佛」二字，此公到底没有弄清楚。白日飛昇，簡直是説夢話。請你在萬目共覩之下，飛把大衆看看。

民國二十四年（一九三五年）三月翼化堂善書局初版

金火丹訣

致一子許信良　著
瀟湘漁父常遵先　校

校正真本金火丹訣序

亘古丹書，言學理者，文雖高妙，細心探討，尚可索其真解。若言口訣者，譬喻雖屬尋常，而寓意隱微，非經師授口傳，真是任汝敏過顏回，亦難窮其玄奥。

余昔讀呂祖賦云：「色是藥，酒是禄，酒色之中無拘束。」又云：「花街柳巷覓真人，真人只在花街玩。」心甚疑之。及讀葫蘆歌云：「坎離顛倒憑葫蘆，長男奪取少女寶。」又云：「龍虎交媾在黃庭，妄作三峯命不保。」由是再讀呂祖賦云：「也飲酒，也食肉，守定煙花斷淫慾；摘花戴，飲瓊漿，景裏無爲道自昌。」方知古人立言取譬，寄託遥深，而大道亦不出語言文字之外，故文字中亦可索口訣於十之一二也。所惜者，坊本恒以僞亂真，致讀者益滋疑竇。況口訣重要，嘗關係在一二字中，豈可舛誤乎？乃翻版重印者，或限於一知，或執於一見，每每擅改古文，謬作解語。

如金火丹訣一書，乃致一子所著，本南派之真詮。經凝中子、靈玄子二人增改，遂使真義闇然。余嘗廢書三歎。兹經張君竹銘，自友人處索得真本，鈔錄示余。閱之，文義顯明，深合呂祖一派悟真要旨，而口訣真理，活躍躍於字裏行間，其與靈玄子之參訂者，大分涇渭。始歎丹訣書，非通達其真諦者，讀法尚莫能明，況擅改其文字乎？因副張君囑託，乃集新舊各書，詳加校正，付翼化堂由叢書出版，以公海內外同好之參攷，不亦大有裨於道學前途之之萬一哉？

中華民國二十四年乙亥歲仲春月湘陰常遵先叙於滬上之弘道軒

金火丹訣自序

夫修仙之道，由來久矣。上至黃老開先，下至諸真衍派，聖聖相傳，師師相授，山林城市，代不乏人。究其道術造端，則玄奧莫測，微妙難知。雖聰明上士，達者鮮矣，況其下焉者乎？

且夫道者，□□□事。外則窮天地日月交媾之理，內則明男女陰陽造化之機，然非有師傳，安能自悟？所以，學道者甚多，而成道者甚少。此無他，在得傳與不得傳者耳。今修鍊者，止看丹經，不求口訣，未遇真傳，徒爾枯坐，以盲引盲，而不知都落於頑空也。對於諸祖丹經所傳入室下手陰陽順逆之理，反視爲清淨虛無之事矣！若此修□□如鏡裏觀花，何異水中捉月？徒然勞苦，深□□惜。

僕自知魯鈍，賦性不敏，然力學在人，切向自省，求步希夷之域，願上紫陽之堂。訪聖尋真，遍遊川嶽，幸天不棄，得遇聖師誨以參同、悟真之妙，示以周易、陰符之旨，闡明卦爻，洞達玄機，方知金丹大道不出乎陰陽而已。因念近求學□□十有八九，求其入□□□百無一得。僕既獲真傳，安敢含默？於是將平日所得並師真所授築基、鍊己、得藥、還丹、温養、面壁、脱胎、了當之旨，不避天譴，直述無隱，次第編詩，共成一卷。內分七言四韻十六首，按二八之術數，以象一秤真全；　絶句六十四首，按六十四卦，以象周天火候；　西江月一首，按太乙之奇，以象金丹一粒。　至於鼎器先後，藥物斤兩，火候進退，悉備其中矣。

□□□□金火丹訣。　蓋金丹至要，不外「金火」二字。　因火爲大丹之本，火非金不融，金非火不化，火金交鍊，片晌之間，結成一粒，大如黍米，此名金丹也。　將此一粒，採而服之，吞歸五內，擒伏己之陰汞，猶貓捕鼠，如鷹搦兔，從此不能走失矣！　然後運陰符陽火，抽添進退，養育真炁，化爲金液之質。　故凡運火之際，忽覺尾閭有物直衝脊背雙關，歷歷有聲，逆上泥丸，觸上腭，顆顆降入口中，狀如雀卵，馨香甘美，名玉液還丹。　徐徐嚥歸丹田，結成聖胎，十月功完，六百卦盡，剝盡羣陰，體□□□□□□，脱胎神化，從此入出，面壁□□□□□□□□功成行滿，自然形神俱妙，性命雙圓，與道合真，變化不測矣！　古聖强名曰「九轉金液大還丹」也。

今將此法，條列於後，非敢爲達者規模，始留作初學者參究，庶使學者知之於一時，驗之於將來，不迷旁門曲徑，永爲正法眼印，互相傳授，共證聖果，依而行之，信而從之，運鍊一身，丹成九轉，形飛天闕，號曰真人。　當□□□□，大丈夫功成名遂之時，而修仙之能事畢矣！

西涼致一子許信良序

遵先校　此序與坊本中凝中子增訂者大不相同。因凝中子未習南派法，故將清修語句刪改，致晦真義。今張竹銘兄在友人處索得此真本，乃完全闡南五祖真傳大道意義者。惜乎鈔本年代過遠，中多蠹食，或因紙質融化，故多缺字，未敢擅加，均用方圈，以俟攷錄。幸要旨可索。如云「金丹大道，不出陰陽而已」；又云「修丹至要，不外『金火』二字」。以下又將玉液還丹與金液大還丹各訣，言之鑿鑿，實與參同契、悟真篇真旨相表裏，且與大學之「誠意正心」、道德經之「載營魄抱一」之意旨相貫通，洵道學之精華，豈拘一不化及淺見少聞者所能窺其堂奧也哉！

校正真本金火丹訣

西涼致一子許信良　著　瀟湘漁父常遵先　校正

七律詩十六首

天地生成詎等閒，陰陽二字紐連環；含生人有長生路，入世誰知出世間？道德有言觀妙竅，丹經注意在玄關；從來少艾難長久，惟有金丹好駐顏。

癡愛貪嗔種種魔，精神暗裏被消磨；百年富貴晨初露，一具骷髏水上波。世事如棋難計較，光陰似箭易蹉跎；高山譜出還丹訣，留待知音悟此歌。

混沌初開天地分，乾坤交媾失元真；坎爻內實嬰兒體，離卦中虛姹女身。木性慈仁吾作主，金情順義彼爲賓；若能將此行顛倒，返本還原壽萬春。

修真默坐要開關，玄竅通時便駐顏；一炁薰蒸尾閭起，三車搬運頂門還。丹頭採自乾坤竅，道眼通從離坎間；　靜極陽生須急採，運神馭氣上泥丸。

築基須用有爲功，橐籥吹噓鼎内風；　神注丹宮休漏洩，炁歸元海要流通。　還精補腦身長健，添汞抽鉛命不窮；　開透三關諸病却，丹田温煖老還童。

鍊己持心妙更玄，安爐立鼎取先天；　子來陽火乾元用，午退陰符坤策旋。　似鶴養胎神默默，如貓捕鼠息緜緜；　叮嚀時至無差失，頃刻之間奪化權。

藥在西南坤地生，曲江池上月華明；　驗探神水分壬癸，採取真金鍊甲庚。　火遇子時雙匹配，鉛逢午日一團成；　須知藥物憑斤兩，好共真師仔細論。

桃源洞内覓刀圭，花未開時莫亂爲；　紅葉半舒門半啟，黄芽初長露初垂。　勤探玉蕊傳風信，儻洩金華便月虧；　若到雙扉全闢處，空勞仗劍舞龍池。

明月初三洽正逢，陰陽交媾會雌雄；　西山虎嘯青岡内，東海龍吟黑水中。　玉鼎湯煎玄户透，金爐火熾牝門通；　凝眉引炁行呼吸，得藥歸來入震宮。

真鉛即是水中金，須向華池着意尋；　伏虎手提無刃劍，降龍懷抱没弦琴。兩儀妙合乾坤竅，一炁初生天地心；　識得鴻濛含有象，鴛鴦正好度金針。

金鼎玄珠似月圓，眉間光透正當年；　五千日外生黄道，三十時間産黑鉛。顛倒乾坤交泰卦，循環烏兔運周天；　還丹一粒吞歸腹，永作長生不老仙。

温養澆涪六百篇，鼎分三足鍊胎仙；　朝行陽火霞輝日，暮退陰符月午天。復姤抽添須慮險，屯蒙沐浴貴精研；　如期旬月功完滿，産個嬰兒出上田。

面壁深山要九年，無人無我絕塵緣；　常令朗月照心地，莫教迷雲障性天。頓悟圓通成至道，虚靈粉碎了真詮；　功完行滿朝元去，白日飛昇謁帝前。

坤爐乾鼎鍊丹砂，四象五行聚一家；　採取紅丸制黑汞，養成白雪配黄芽。金砂燒煅原非易，草木烹吞到底差；　不會陰陽顛倒訣，休將膚見對人誇。

陰陽大道在人間，休去深山隱洞天；　採藥他山尋祖炁，鍊丹斯室煅真鉛。　一時造化通爻策，六候真機象缺圓；　進氣門關先鍊己，逍遙住世萬千年。

日魂月魄道之基，舉世而今知者稀；　智士認爲神炁合，迷人罔覺坎離非。　守心想腎空勞力，鍊汞燒鉛豈易爲；　幸遇聖師真口訣，敢將俚句洩玄微。

遵校　此詩詞意暢達，與坊本大異。計十六章，乃依先後天二八之數而作也，凡雙修之義，言之殆盡，深得悟真篇之真旨，可爲學道者他山之助。其自「混沌初開天地分」起，至「面壁深山要九年」，共十一首，將大道精修之法，幾全洩露於字裏行間，惟緊要處均蘊藏未發，將有待於真師之口授。讀者若瞎解昧真，則必太阿倒持，爲魔所幻矣！　余有笑謔，錄之於後：「若無慧劍制羣魔，你對本抄歌，必如一葉盪風波。生命寄江河，十難九磨，危險前途處處多，我看你急水灘頭怎樣過？」

七絕詩六十四首

曠懷大道慕通玄，訪遍名山歷巨川；覓得洞天無大隱，白云何處是真仙？

落魄天涯數十年，一朝邂逅大金仙；耳邊叮嚀無多語，教去西川覓黑鉛。

丹書從不語虛無，迷者終難悟正途；弗遇真師親口授，盲修枉自費功夫。

先須鍊性鎖心猿，次要跏趺坐半年；然後用茲真妙訣，迴光返照下丹田。

腎前臍後下丹田，慧眼常須靜裏觀；待遇子真方下手，採來默運上泥丸。

子時冬至一陽生，葭管飛灰夜炁清；急會身中真造化，天人合發採元精。

採取元精全藉火，從來真火少人知；余今漏洩天機奧，夜半陽生即子時。

陽興然後好行持，日月雙輪東復西；駕起三車毋暫歇，載精運火過曹溪。

曹溪路接尾閭關，一道銀河透玉山；緊抱下關牢閉固，先天一炁自循環。

夾脊雙關通玉枕，河車運轉似風輪；崑崙頂上常來住，片刻周行十二辰。

後升前降逆迴旋，一炁周流上下田；如此三關行熟後，方宜入室採真鉛。

孤修寡鍊丹難結，須把雙修妙理詳；若問玄黃真奧妙，從來大道即陰陽。

陰陽二炁是乾坤，老子名爲玄牝門；大易象辭曾說破，學人因甚不窮根。

六爻變動兩儀形，八卦相交理最明；都謂一陽司復震，那知修道重咸恒。

人身傚法天和地，女象坤兮男象乾；若果知時相會合，金烏玉兔一輪圓。

一陰一陽相配合，順生人物逆成仙；修丹妙法同斯理，只在中間顛倒顛。
天地絪緼萬物生，夫妻交媾結胎嬰；陰陽會合方成道，離了陰陽道不成。
雙修妙理最幽玄，二氣相遇丹自圓；若謂獨修能得道，孤僧寡道盡成仙。
月非日映光難聚，陽不陰交氣屬陰；欲訪明人論此理，塵寰遊遍少知音。
藥物根源仔細陳，金丹產在綵鸞身；分明指出君須記，二七相交十四春。
與君再說金丹竅，日出西山白虎嘯；等候夜半亥子時，採之片刻真玄妙。
修丹切莫妄行持，須認他家活子時；月出庚方鉛自現，蟾光一道露華池。
癸後鉛生辨濁清，先天真炁少人明；要知此藥何時產，但看初三月出庚。

欲採真鉛築命基，望前朔後正當時；一鈎新月金初旺，過後休嘗莫亂爲。
五千四八產真鉛，恰象天中秋月圓；夜半陽生須急採，爐中行火自烹煎。
十五月圓花正開，水清金旺絕纖埃；若交復卦陽初動，一顆玄珠產下來。
金花大藥是丹材，城市鄉村處處開；認得採歸爐裏鍊，一時辰内結靈胎。
採花須採花中金，採取金花分癸壬；識得花間真消息，自然虎嘯會龍吟。
酒是良朋伴似花，載花飲酒駕河車；西山北海觀潮信，夜夜南山玩月華。
若問華池在那方，西南坤地是家鄉；其中有味醍醐酒，服下重樓壽命長。
醫老原來藥最玄，丹頭一味水鄉鉛；人衰賴補花須接，此法神仙親口傳。

人身年邁血精殘，補血添精兩不難；橐籥吹嘘休着力，自然真炁上泥丸。
築基不是等閒功，會合陰陽交虎龍；寄語修真諸達士，莫將此理認三峯。
鑄劍先安爐太乙，次憑金水鍊凡骨；堅剛既已聖通靈，好駕仙槎遊月窟。
降龍伏虎也非難，寶劍虛含陰海間；鉛鼎温温陽火功，存神運氣過三關。
偃月爐中鉛氣濃，懸胎鼎内火初紅；寒聲玉漏丁丁滴，息數周天藉巽風。
縱識真鉛及水銀，不知火候道難成；周天鍊法神仙授，世上愚人幾個明？
周天火候有真傳，進退抽添汞制鉛；陽火子時三十六，陰符三八午時旋。
陰符陽火往來行，玉液還丹指日盈；再去坎宫求大藥，送歸離内制陰精。

大藥須同類相感，休將心腎作離坎；不明陰陽顛倒顛，莫在人前稱博覽。

當前紅日隱深潭，陰內藏陽是坎男；倒贅離宮配姹女，成親只在月初三。

鼓琴洞裏招丹鳳，敲竹簷前換黑龜；二物會時因戊己，坎離交媾結刀圭。

一個時辰分六候，只消二候得丹頭；真鉛度過尾閭去，四候合丹仔細收。

交感陰陽結聖胎，金蓮一朵火中開；採歸運上泥丸頂，化作甘泉下口來。

前短洞房交虎龍，後長得藥入中宮；陰消汞固身無漏，從此靈砂漸漸紅。

鉛歸土釜汞凝中，十月汞乾鉛自空；六百卦中符火事，抽添妙用法屯蒙。

屯蒙二卦用心排，刑德臨門保聖胎；沐浴金丹光透體，一年功畢產嬰孩。

沐浴原非卯酉月，學人須記兔雞時；洗心滌慮防危險，住火停符始合宜。

男兒懷孕是仙胎，不象凡人順下來；劈裂頂門須倒養，元神出現免輪迴。

靜坐深山絕世情，九年面壁養元神；慧光充滿三千界，打破虛空了至真。

九載養成身外身，却來塵世積功行；功完行滿丹書詔，駕鶴乘鸞上玉京。

白日飛昇謁太清，飄飄遺世出紅塵；陽神從此超三界，永證金剛不壞身。

修行何必論媸妍，莫謂佛尊道不然；試問參禪賢伴侶，釋迦因甚號金仙？

道曰金丹儒太極，釋迦圓覺號牟尼；雖然門户分三教，修道根源共一枝。

神仙事業古如今，惟有修丹義最深；大抵修丹須口訣，若無口訣枉勞心。

欲修金液還丹道，先結良朋備法財；得法得財得外護，同心修鍊上蓬萊。
一句道心說與賢，人間萬事不如錢；金丹原是長生藥，若少青趺難駐顏。
修行切莫隱深淵，須住人間鬧市廛；柳巷花街真福地，從來花酒出神仙。
紅塵之内好修身，須要居塵不染塵；大隱何妨爲俗客，道成然後做真人。
丹經萬卷講玄機，只是迷人不自知；如謂書中無口訣，憑何印證得修持？
内修精氣正希仙，外體陰陽玄又玄；寄語道流休執著，深山孤坐枉徒然。
更有學人愛鍊丹，却將鉛汞鼎中安；點金服食圖冲舉，到老差殊成道難。
内外二丹全未聞，自誇知道對人論；饒君口似懸河水，終作閻王殿上魂。

富貴不修徒有錢，豈知死後捏空拳；　勸君早鍊金丹藥，作個人間不老仙。

遵先校　此詩係按六十四卦數而作。言北派法，不落頑空，頗得乾坤先天法竅；　言南派法，毫不著實，頗得悟真篇一派真旨，與坊本多不同。因坊本專重北派法，故將其中要處擅爲删改，致失真相耳。且玫此詩，能會通三教，不著門户意見，可謂「讀破萬卷書，深得一貫旨」。夫道本無二，後人智愚不等，聖人因才教育，故傳授有深淺不同，如是所得各異，遂假託古聖，各分門户。宋儒所以硬派孔子爲政治家，樹立儒教，因是一班無知淺學，附合因緣，又假託老子、如來，教分道、釋，遂開後世各是其教、互相爭訟之門。究之三教之源，都不外先天陰陽一理，毫無衝突。得其真傳者，大度包容，重道不論教；　不得真傳者，私心自用，專論教不重道。不知古今中外，止此一道，並無二道。孔子修身治國平天下；　老子修之身其德乃真，修之天下其德乃普；　如來所有一切衆生之類，我皆令入無餘涅槃而滅度之：　此皆同一公天下之誠也。至其自修，孔子先正其心，老子虛其心，如來如是生清靜心，此又皆以定心爲本也。讀遍孔子、老子、如來經書，何嘗有一語相攻擊者？　昔張紫陽作悟真篇序云：「先聖教人了性命以脱生死，釋氏以了性爲宗，老氏以了命爲本，仲尼極臻乎性命之奥，教雖分三，道乃歸一。惜後世緇黄縫掖，各執專門，互相詆毁，遂令三家宗要不能一致而同歸矣。」足見悟真者，真能會通三家一貫之旨也。讀此詩者，宜以定心修道爲本，毋徒以教而興門户之爭耳。且此詩，訣雖微露，然非口傳不能明其真諦。若以教自限，則求真師更不易也。學者勉之。

西江月詞一首

下手先施橐籥，開關後用真鉛，築基鍊己採先天，得藥方行烹鍊。片晌還丹一粒，聖胎十月功全，九年面壁作神仙，纔了平生志願。

遵校 此詞與坊本只二三字不同，覺無大區别。嘗讀吕祖西江月詞，聊聊數語，將金丹大道悉掛其中，今閱此詞，頗得吕祖所作之旨趣焉。

金火丹訣易知說

世有志於道者，奈修法紛紛，孰爲真哉，不易知也。昔金母觀心，老子觀竅，五祖兩宗，道脈相傳，承此授受，即爲正法，無非釋氏拈花指觀之秘，儒家惟一執中之旨。學者本此，實無誤矣。其餘總非正法，學之無益，豈是洗心還原、身心性命之要？

僕前述觀竅觀妙者，乃修者正途也。所謂有欲觀竅，自無欲矣；無欲觀妙，自還虛矣。但無欲觀妙，世不易求；有欲觀竅，亦難多得。况竅之所在，世更無知。雖隱諸丹書，非上知不悟。若下愚者，待師傳而知。即能知，亦要能觀，亦要能恒。苟無恒者，時勤時怠，雖知其竅，觀之無常，何能由有欲而至無欲矣？毋在問乎觀妙也。嗚乎！人自有生以來，由幼至老，知心被物欲所污，而能洗滌還其赤子之心者，世有幾人哉？能知能滌，則放蕩之念歛而無跡，吾心明德日明，以復本然之善，而還原來之性，其功全在觀竅。先知其竅，再問乎觀。知觀之所在，則能知所止矣。噫！知乎此，觀乎此，止乎此，常自在乎此，此可忽乎？知此觀之，即無欲矣。

情來歸性，是曰「還丹」。夫丹吾之固有，欲動情勝，則馳外矣。今無欲，即由外而返內，謂之「還」，仍爲吾之本有也。論丹即水鄉鉛，鉛乃元炁之比；火中汞，汞本元神之喻。二者混一，即爲丹也。直指之，腎中元炁即命也，心內元神即性也。欲求性命會合，須火降水，內神入炁中，所謂汞擒鉛，鉛制汞，虎伏龍降也。兩者合化成丹，全憑土釜鼎也。其在嬰兒姹女，使之合者黃婆也。然皆真意之喻。如實言之，以意統神合炁，用火風鍊一成丹也。廣成子曰：「火即神，風即息也。」此內鍊功夫，始於觀竅。

竅在目前。呂祖金華宗旨云：「繫念於目前。」即二目齊平之中是也。南谷子曰：「至道不遠兮，恒在目前。」柳華陽曰：「大道淵微兮，常在目前。」三公慈懷廣濟，已漏春光，人還夢夢，當前錯過，緣何淺耶！今僕不忍人無正法，徒自盲修，冒禁直指，使人全知。但要爲善去惡，濟困扶危，體三畏三戒，遵四勿四毋，輔此內鍊，否則難成。中庸曰：「苟無至德，至道不凝焉。」悟真曰：「若非積行修陰德，動有羣魔作障緣。」人之於學，當日有善而無惡，得爲善人君子以解業緣也。至於希賢希聖，成仙成佛，全在自立功行輕重而得之。是以孟子曰：「舜何人也，予何人也，有爲者，亦若是。」至甘於愚而無學者，縱不想流芳百世，亦不畏遺臭萬年，獨不懼古聖所云「善惡之報，如影隨形。報至三世，歷歷不爽」乎？天雖至高，聽則至卑，人之舉念，神鬼便知。念之忽起，當自慎之。於善當充，於惡當遏，莫使潛滋暗長於隱微中也。詩曰：「相在爾室，尚不愧於屋漏。」文帝曰：

「慎獨知於衾影，人於不當起之念宜遏，遏則歸於一念。」一者，主一無適，敬止之至也。人於此未修者學之，庶免果報。其修者學之，輔助內功，方得成也。當念「人身難得而今得，大道難聞現已聞，不在今生觀妙竅，何生得法養元神」。

所謂妙竅者，中宮衝脈，三田一脈之總竅也。圭旨曰：「一條直路少人尋，尋到山根始入門。觀定便知行炁主，真人之息自深深。」又云：「不是玄門消息深，高山流水少知音。若能尋著來時路，赤子依然混沌心。」按此竅，上在山根目中之內，中在臍內一寸三分，下在炁穴之中。黃庭曰：「前對臍門後對腎，中間有個真金鼎。」又曰：「後有密門前生門，出日入月呼吸存。」是即呂祖所謂「玉清留下逍遙訣，只要凝神入炁穴」是也。炁穴即天根，山根即月窟，橐籥即中宮。三田一脈，總曰玄關。中宮主脈，前任後督，交合於衝脈兩頭，月窟之午，來會天根之子也。子即活子，陽動時也，以火風鍊精，化炁歸源也；午即活午，陰靜時也，以定靜伏炁，安神返本也。西涼許子曰：「修丹至要，惟此金火。金，元炁也；火，元神也。」又曰：「金非火不化，火非金不融，金火合鍊，便是丹訣。」又曰：「交鍊片晌，結成小藥。機動便採，積成大藥。煅盡陰精，炁足神圓，丹得胎成矣。」

僕讀金火丹訣，感而再述，闡明訣中之訣，竅中之竅，以便志士修之有法也。前攷原抄，許多錯誤，今再細參，訂正無訛。爲此訣明功簡，易知易能，有益後學，得歸正路，故本諸丹經，逐句攷訂，較前工法，更加顯露，言明比喻，直指正宗。有緣遇此，總明正道，如訣修持，以期超脱，庶可不爲傍蹊邪徑所迷，免没西涼致一許子苦心。但此非僕妄訂，蓋爲成此，即可付梓，使人以歸正耳。

光緒五年歲次己卯冬十月下元解厄日

鉢陽靈玄子汪怡寬紹輔攷定丹訣作易知説列於訣前

遵按　此説是靈玄子汪怡寬删改致一子金火丹訣後，作此以自叙也。遵因其中文義，皆迂拘於枯坐孤修，未明南五祖一派之真旨，即北派法亦未知其真諦也。迺强將道德經「觀妙」「觀竅」，硬派爲北派清修之法，遂指作心神，詞多免强。又硬説竅是在山根目中之内，又引呂祖「繫念於目前」一語，硬解爲「即二目齊平之中」，更謂「中宫衝脈，三田一脈之總竅」也。如此等等謬解，皆據爲真傳，在北派中，既已試驗爲不可用之法，況引來混入南派丹訣書中，更覺風馬牛不相及也。然而誤人已不少。近嘗有修鍊志士，來談及師傳秘訣，守眉心，或注意下田，致生臌脹、心悸、頭昏、中燒、便數、腹瀉等等症候者，皆此等書階之厲耳。況引諸書成語，皆未明其真義，瞎扯盲談，花人耳目，迷人心神，尤非修道人所應爲者。聖人云：「人之患在好爲人師。」矧註書而傳千萬世乎，可不慎歟！至解天根月窟、三田一脈，更屬無稽。最奇者，

「訣中訣」「竅中竅」二語。試問彼曾入其中觀見耶？尤爲可笑。今特附此說於後，將其訛處，聊爲指明，俾後世學者，知其言之不可信也，切勿誤會余有所作用。余於三教尚倡一貫之義，況一道乎？如有所疑，請依其法試行之，自知余言不謬耳。讀書求道者，慎之慎之！

民國二十四年（一九三五年）四月翼化堂善書局初版

三乘秘密口訣

澹園冷謙　著
陳攖寧　校訂並補鈔

三乘秘密口訣陳序

曹君昌祺者，今世好道之士也，先後贈與翼化堂舊版道書，不下數十種。本書即其中之一種。余觀其簡明而切實，尚少隱語浮辭，初學讀之，當易於了解。雖字句未嘗修飾，亦無妨也。道書作手，每喜託名，是否出諸泠謙，可毋庸深究，只求口訣足以應用而已。今爲之斷其句讀，校其誤字，並由他書摘取幾條用功口訣，附錄於後，與本書相輔而行，對於世間慕道修真者，或不乏涓埃之一助爾。

中華民國二十四年七月即黃帝紀元四千六百三十二年皖江陳攖寧識於滬上

三乘秘密口訣

澹園泠謙　著　陳攖寧　校訂並補鈔

初乘小周天秘訣

呼吸自然神炁戀，陽生起火火方全。周天初用分子午，爻象陰陽六九連。約言百日是程期，精鍊功勤化氣奇。真炁居臍須超脱，已成無漏要遷移。

初乘小周天築基者，鍊精化炁。閉關趺坐，於子時清靜止念，垂簾塞兑，收視返聽，迴光於下丹田，以神馭炁，而神入炁穴。以呼吸之炁，而留戀神炁，方得神炁不離，升降自然。但炁有有起止，起於虛危穴坎宮子位，亦止於是。炁行有數，忌其太多；炁行有時，忌其太久。不單播弄後天炁者，恐以滯其先天炁之生機。後天炁用之不已，而先天炁不旺，此修仙至緊至秘之功。故以周天三百六十限之。子行三十六，積得陽爻一百八十數；午行二十四，合得陰爻一百二十數。五位陽爻用九，故共一百八十數，除卯時不同爻用；五位陰爻用六，故共一百二十數，除酉時不同爻用。行沐浴以養之。古聖不傳火，故云「沐浴」者，不行火候也。行者累積動炁，以完先純陽真炁。凡一動一鍊，積之百日，則精不漏而返炁矣。百日築基，鍊精化炁，乃大概言之。或有五六十日，或七八十日，得炁足者。如年之衰老者，則二三百日，未可定也。功勤者易得，年少者易得。此時精已化炁，則無復有精，真炁已在臍之境矣。已得長生之基，爲人仙也。故曰：「陽關一閉，個個長生。」身已不死，而丹必可成也。是炁因靜定之久，不復動而化精。如有精，則未及證於盡返炁也。真無漏者，則陰縮如小童子、絕無舉動爲驗，便有止火之候。此時真炁，亦不得死守於臍，須超脱過關，名得金丹大藥，用以服食飛昇。故有三遷之法。即以七日口授天機，採其大藥，以五龍捧真之秘，度過三關，以行中乘大周天之炁候。三遷者，神在上田，炁在中田，精在下田，自下而遷中，自中而遷上，自上而遷出。

七日口授天機五龍捧真秘訣

秘密天機採藥收，蒲團七五火珠流。三岔路上衝關妙，運轉真金神室留。

七日，是採大藥七日之功，此萬古不洩之仙機。築基百日，杳冥火炁薰蒸，真炁因之忽然自有可見，故止後天炁之火，惟單採先天炁之藥。工夫盡在於七日之內。因此時真炁，盡歸於命根臍腹間矣。雖有動，猶不離於動處；只在內，不馳於外。用無火之火，無候之候，靜坐蒲團，取得下田先天真炁，名曰金丹。因採取之久，火候之足，精還補炁之盛，謂之外丹成。其炁之發生，始有法成之妙相，而純陽之炁根始動。待到尾閭界地，在脊骨二十四椎至盡三岔之路，有中左右三竅。用七日之功，到五日之間，忽丹田如火珠，直馳上心即回，下馳向外腎邊，無竅可出，即轉馳向尾閭衝關。此皆真炁自家妙用，非由人力所至。但到關邊，必用口授天機，方纔過得關去。乘其真炁自然衝關向上之機，加以五龍捧真之秘。辰龍即意土，數五。蓋以意輕輕運動，則捧真陽大藥，使透尾閭、夾脊、玉枕三關，已通九竅。蓋每一關有中左右三竅，三關則有九竅，直灌頂門，夾鼻牽牛過鵲橋。牛性主於鼻，防牛之妄走，因有危險，故夾鼻使出於當行之路，下重樓，乃喉之十二重樓，而入中丹田神室之中。坎實已點化離陰，即乾坤交姤也，以行大周天之火候。火原在下立物，合下田而行者，雖合下而用，時時充滿虛空。即有升降，而真我不動之元性，猶在於合下之內。古言「心下腎上處，肝西肺左中」，世人遂疑臍之上有一穴，如此則無根可歸，殆非也。

中乘大周天秘訣

精勤十月大周天，鍊炁化神晝夜連。定力足時却世味，個中遲速證胎仙。

中乘大周天炁候者，鍊炁化神，以周十月之天。用功無間，即古云「功夫常不間，定息號靈胎」，又曰「晝夜晨昏看火候，不在吹嘘並數息」。蒲團子按「數息」，原作「息數」，據稀見丹經續編改。蓋無間無時無數，爲大周天之妙用，不似小周天之易行也。懷胎鍊炁化神，入定者之候。其中三月定力，而能不食世味。或四月、五月，或多月，始能不食者。功怠者，得證果遲。惟絕食之證速，則得定、出定亦速。食爲陰，有一分陰在，則用一分食。由定而太和元炁充於中，則不饑不渴。若定心散亂，則有十月之外者，及不可計數而始得定者。蓋歇氣多時，「火冷丹力遲」之故也。

正念除魔秘訣

萬般景象屬陰魔，正念空空魔自瘥。呼吸無時神已定，魔消福長性靈和。

正念除魔者，因神胎將完之時，外景頗多，有一分陰，即有一分魔。或見聞奇異，或有可喜事物，或有可懼事物，或有可信事物，或有心生妄念；或有奉上帝高真眾聖法旨，來試道行，試過不著，諸天保舉；或有妖邪來盜真炁。若心生一妄，急提正念；眼見一魔，亦急提正念掃去。靜中或見仙佛鬼神，樓臺光彩，一切境界現前，一心不動，萬邪自退。只用正念鍊炁化神，自然呼吸絕而陰盡純陽，即無魔矣。然魔當過一次，則心愈靈一次。如得呼吸無，則氣不漏而返純神，是真氣大藥服食已盡，氣已大定神全，鍊炁化神之事始畢矣。

上乘超脫口訣

十月神全莫久留，由中遷上出重樓。依師度脫調神訣，三載功成證果修。

九年還虛口訣

運用通神法妙圓，去留由己總隨緣。修成又有還虛理，面壁功深上界仙。

上乘者，神已純全，胎已滿足，必不可久留。如局於形中，而不超脫者，猶可離定而爲動，則同於尸解之果而已。當用遷法，以神之由中而遷於上田泥丸宮。既成純神，則謂之見性。加以三年乳哺，乃養神之喻也。當此遷上之時，非只拘神在軀殼之上，須用出神之法，調神出竅，爲身外之身。調神出竅，是一至要之機，有大危險之際。初謂其出而即入，不令出久，一步而即入，二步而即入，亦不令見聞於遠境。調之久，出可漸久而復入，亦可漸見聞於遠近而後入。不調者，恐驟出外馳，迷失本性。至於老成，必三年而後可。凡初出者必調。依師度法，出神自上田，出念於身外，自身外收念於上田。一出一收，漸出漸熟，漸補漸足，如是是謂之乳哺三年而神圓，可以千變萬化，達天通地，報國濟世，超昇祖先。可舉念者，無不是神通妙用。欲少留，則且止而佐時；欲升騰，則凌霄而輕舉，謂之神仙。如不欲住世，可用面壁之法，九年大定，鍊神而還虛，可與上上乘仙佛齊肩矣。

修真有入關之囑，故再及之。凡修行勿令人知，不近往來之衝衢。必遠樹林，免其爲鳥聲風聲之聒耳。丹屋明暗適宜，牆必重垣，坐必厚褥，加以精潔芽茶淡飯，持素戒葷。小周天運功畢，清靜內守，謹言語，止諸事。行大周天時，宜同志三人，互相守護，以免顛危。沖虛伍真人曰：「傳盡秘訣，以遇有緣者，因果必不昧也。」

三乘秘密口訣附錄

秘傳用功口訣

靜坐焚香，止念忘情，心死神活。厚鋪坐褥，寬衣解帶，於子時向東盤坐，握固，端身，直脊，唇齒相著，舌柱上腭。口不開，耳返聽，目垂簾，自元宮迴光返照於臍下。

靜室者，使無喧擾之患；焚香者，誠潔以通靈氣；止念者，斷滅一切妄念；忘情者，物我兩忘，忘情則復性矣；心死者，妄心已息；神活者，靈明自生；厚鋪坐褥者，使體不倦也；寬衣解帶者，令氣得流神也；子時者，乃陽氣發生之時也；向東者，取生氣也；盤坐握固者，收攝精神也；握固者，手握拳也；端身直脊者，使周身之氣能昇降也；口不開者，氣不散也；耳返聽者，精不耗也；目垂簾者，神不昏亦不露也；目光自元宮返照臍下者，譬如天上日月之光下照於地而生萬物也。

調息緜緜，晝夜功純，以採腎中一點真陽，期於心腎交接，是爲交感神炁以進火。迴光之久，腎中一點真陽，上與心神相合，須要心息相依。夫一呼一吸之謂息，心息相依，即水火既濟，使之緜緜歸根復命，以養神炁。若有間斷，化育難成。行功時，腹中覺有融和煖氣升撞不定者，此真陽氣動也。身中陰氣鍊盡，真陽即生，莫之能禦。當乘其衝動之機，運過尾閭，自夾脊雙關，逆上泥丸，與神交姤。交姤後，仍化爲甘露，即從鵲橋至重樓，自玄膺而下，復至中宮。一升一降，混合玄關，成其造化。除卯酉沐浴外，切要功無間斷，不然則藥物耗散，火候差失，不作丹也。自背後督脈中上來即屬子，自前面任督中下去即屬午。子午抽添，謂之周天火候。升則爲進火，謂之抽鉛；降則爲退符，謂之添汞。鉛是腎中一點真陽之炁，汞是心中一點真陰之精，妙用在於抽添進退，自然精炁與神，片時凝結，靈體漸具。行住坐臥，念念在茲，如子藏母腹，十月功完，玄珠成象，聖胎已成，真神化現矣。加以謹慎調神，三年養足，形神俱妙，變化隨心，入聖超凡，返還之道畢矣。復鍊還虛，又更上一層也。用功之訣，盡於此矣。百日築基，謂之小周天。陽時主進，呼吸三十六，陰時主退，呼吸二十四，以回復歷年耗散之神氣，使先天之氣神强，以成大周天之功用。小周天功足後，另有晝夜七日開關口訣，緊接大周天之火候。

關鍵訣

修持之法，當先謹言語，節飲食，省睡眠。此三者，修仙之關鍵也。言語太多，元氣耗散；飲食無度，易生疾病；睡眠過時，精神昏惰。

潔淨訣

凡欲修練工夫，身體、衣服、臥室，皆要潔淨，不可沾染穢濁之氣，亦不可犯潮濕之氣。身體要常常沐浴，衣服要常常換洗，房間要常常打掃，然後做工夫方有效驗。

民國二十四年（一九三五年）八月翼化堂善書局初版

陳攖寧先生佛學論著拾遺

陳攖寧　著

與本刊編者書

陳攖寧

無我先生慧鑒：

日昨獲瞻丰采，至以爲幸。談次曾蒙詢及勝鬘經屬於佛教何宗，當時未敢率爾置答。返舍後，將此經閱讀一遍，姑伸愚見如左。

中土佛法，舊分十宗，除成實、俱舍小乘二宗不計外，其大乘八宗。若淨土、真言、唯識、三論、禪宗、律宗，皆與勝鬘經之義不相契合；華嚴經無所不包，勝鬘經中要義當然不能出華嚴範圍，但又不能將勝鬘隸屬華嚴宗，因其性質不類。愚謂勝鬘似宜屬法華宗。此經開端即言佛授記於勝鬘，未來劫中當得作佛，號普光如來。其後續言十大受、三大願、攝受正法大精進力、二乘涅槃是不了義、二乘有不能斷之煩惱，又言聲聞緣覺乘皆入大乘、大乘即是佛乘、三乘即是一乘、一乘即第一義乘各等語，皆與法華經義相近，故謂勝鬘宜屬法華宗，否則無宗可歸。依天台五時之說，勝鬘屬第三方等時；依賢首五教之判，勝鬘是第三大乘終教。在大寶積經第一百十九卷，題名勝鬘夫人會，其中所說義理，與單行勝鬘經完全相同而字句頗多差異處。寶積本譯者手筆，較單行本爲優，不妨參考。

即如單行本所云「受十大受」，寶積本則云「發十弘誓」，自然是前者費解，後者易解。諸如此類者不少。同是一部經，譯筆大有關係。即如金剛經通行本是羅什譯，然有幾處則不如玄奘譯本之確實而清楚。笈多譯筆最劣，幾於文理不通。其他三譯，雖不能超過羅什，但勝於笈多遠矣。

念茲筆談已讀過，凡所評論，皆有深刻之認識。作者慧根不淺，惟古今慧業文人，福報多不能相稱。愚觀作者人間之慧已足以應用，此後宜偏重修福一面，則二者之間不失其均衡矣。非謂此後不需修慧，但出世間之慧是從定中發出，不是從學問上得來。陸象山批評朱子爲學太支離，朱子初亦反覆致辯，終則心折。朱陸異同，乃早年事，晚年則共趨一路矣。今將朱子之說鈔錄數段，以見儒、佛不二。

朱子云：「近日方實見得向日支離之病，雖與世俗功利權謀不同，然忘己逐物、貪外虛內之失，則一而已。自家一個身心不知安頓去處，而談王說霸，將經世事業別作伎倆商量，不亦誤乎？」「若使道可以多聞博觀而得，則世之知道者不少矣。」我想念茲君早已懂得這個道理，不過常常有人提醒，或者可以增加一點精進力耳。既蒙贈我念茲筆談，自不能不盡少許義務，非多事也。「此與守書冊、泥言語全無交涉，於日用間察之，知此則知仁矣。」「孟子言學問之道，惟在求其放心，而程子亦言心要在腔子裏。今一向耽着文字，令此心全體都奔在書冊子上，更不知有己，便是個無知覺、不識痛癢之人，雖讀得書，何益於吾事耶？」「近日覺得向來說話有大支離處，反身以求，正坐自己用功未切耳。此心操存捨亡，只在反掌之間，向來誠是太涉支離。蓋無本以自立，則事事皆病。今方深省而痛懲之，亦欲與諸同志共勉焉，幸遍以告之也。」「向時也杜撰說得，終不濟事，如今方見得分明，方見得聖人一言一字不吾欺。只今六十一歲，方理會得。若或去年死，則枉了。」「某覺得今年方無疑，理會得時，老而死矣，能受用得幾年？然十數年前理會不得死了，却又可惜。」「佛經云：『佛爲一大事因緣出現於世。』聖人亦是爲一大事出現於世。」「佛家有三門，曰教，曰律，曰禪。吾儒家若見得道理透，就自家身心上理會得，便是兼得禪的；講得辨訂，便是兼得教的；動由規矩，便是兼得律的。」以上皆朱子所說，足見儒佛一致。但朱子有時亦闢佛，那是因爲門庭建立不同之故，等於六祖要提倡禪宗，自不能不闢西方淨土而專講唯心淨土。若視爲定論，則執著矣。愚素日提倡仙學，自不能不偏重長生而反對無生，此乃各人立場不同，實非定論。

手此奉達，敬候撰安，念茲君同此致意。

陳攖寧頓首

載民國三十六年（一九四七年）三月一日覺有情半月刊第八卷第十三、十四號（總第一八一、一八二期）

靈魂有無之推測

陳攖寧

以肉體爲我而觀人生，則人生毫無價值；以靈魂爲我而觀人生，則人生尚有希望。故修養家重視靈魂，尤甚於肉體。然靈魂問題非今日之科學所能解決，而許多宗教書籍，雖議論紛紛，皆是空談而無實證。吾人既欲從事於修養之學，當其初下手時，就要認識靈魂，否則修養所爲何事？但靈魂是無形之物，非眼所能見，非耳所能聞，非鼻所能嗅，非舌所能嘗，非身體所能觸，如何可以認識？必有賴於種種推測之方法。姑將平日與諸道友問答各條記錄於此，以爲研究的資料。

一問：「如何能知肉體以外尚有靈魂？」

答曰：「肉體構造，頗似機械，試以汽車作比，人的兩手兩足，如四個車輪；人的兩隻眼睛，如兩盞車燈；人的口，如放響聲之喇叭；鼻孔，如進空氣之風門；心臟一伸一縮，如汽缸活塞；肺葉一漲一收，如車頭風扇；腦髓，如蓄電池；神經，如電線；胃部，如汽油箱；膀胱，如水箱；肛門，如車後出廢氣管；人的飲食，如汽車加水添油；肉體中長短骨架，所以支持人身，汽車中長短鋼骨，所以支持車身；人需要皮膚保護外部；汽車亦需要鐵皮保護外部，人需要脂肪潤澤內部，汽車亦需要機油潤滑內部；人體有曲線美，車體有流線型。仔細想想，人與汽車可謂全部相同。雖然汽車機械構造完備，若無開車之人在車中駕駛，則車之本身動止、快慢、進退、轉彎，皆無主宰，雖有新車，等於廢物。因此可知人的肉體若無靈魂於中作主，則有眼耳不能視聽，有手足不能行動，雖具此形骸，已失其作用，乃一死人而非活人。所以人的身體譬如汽車，而靈魂則譬如開車之人，萬不可少，豈可任意瞎說人無靈魂？」

二問：「以靈魂比喻開車之人，可謂切當。惟開車之人在車中有一定坐位，人的靈魂在肉體中有確定部位否？」

答曰：「靈魂總機關在腦中，而分布於各神經系。試觀病人受蒙藥之時，呼吸依然，脈搏如舊，可知人實未死，何以毫無痛苦之感覺？則因蒙藥之力由鼻入腦，靈魂總機關發生障礙。譬如人家電燈總火門關斷，則全部電燈不亮；又譬如暴徒跳上汽車，用强力壓迫開車之人，不許活動，同一理也。若在局部神經上注射麻藥，則該局部神經暫時受藥力所阻，失其傳送感覺之效能，凡受此一系神經所支配之部分，則不知痛苦，而其他各神經系統之感覺則如常，譬如人家電燈總門並未關斷，只有一處分支電線關斷，電流不通，少數電燈因此不亮，而多數電燈則仍放光明也。」

三問：「鬚髮毫毛、指甲僵皮等類，亦是人身之一部分，何以經過刀剪不知痛苦？」

答曰：「因此種部分皆神經所不到，無神經則無感覺，無感覺則無痛苦。普通所謂靈魂，大概指感覺而言，無感覺的部分亦可謂無靈魂。足見靈魂與神經實有密切之關係，神經所不到之處，靈魂亦不到也。」

四問：「手足殘缺、眼瞎耳聾之輩，何故仍有知覺？」

答曰：「頭腦是靈魂總機關，尚未破壞，故知覺仍在。」

五問：「熟睡之人，頭腦未嘗不在，何故没有知覺？」

答曰：「腦筋因疲勞之故，需要休息，暫時停止活動，所以没有知覺。譬如一國元首，公務疲勞，暫時不理政事。」

六問：「剛死之人，腦筋並未破壞，何故没有知覺？」

答曰：「此時肉體生活機能已完全停止，腦筋不能獨自活動，外表雖不見其有破壞之跡象，實際上已逐漸腐化而分解，靈魂當然不能依附，而失其作用，所以没有知覺。人的腦髓，譬如靈魂所寄居之房舍，房舍暫時雖未破壞，但已發生嚴重障礙，不得像平時一樣的能够住人，以前住在本屋之人自然要遷移到別處去。人去之後，房舍空空，雖房中電話機裝設完備，外面打電話進來，鈴聲振響千百次，亦得不到一次回音。可見活人與死人的分別，即是靈魂之在與不在而已。」

據以上各種推測，活人是決定有靈魂的。至於人死以後，靈魂歸到何處那些問題，不在本篇範圍之內，暫不具論。

民國三十六年三月一日寫於上海

載民國三十六年（一九四七年）四月一日覺有情第八卷第十五、十六號（總第一八三、一八四期）

由仙學而佛學——答某居士書

陳攖寧

往年以仙學立場，對佛法常抱一種不妥協之態度。今見人類根性日益惡劣，殺人利器層出不窮，且於大自然境界中，仗科學之發明而冒險嘗試，擾亂宇宙共同之秩序，恐吾輩所託身之地球將來不免有毀滅之一日。仙家縱修鍊到肉體長生，並證得少許神通，究未能跳出漩渦之外，皮之不存，毛將安附？天仙程度較高，又當別論，此指地仙而言。因此近來常與人講出世之佛法，而不講住世之仙學。

弟從事於仙學有數十年之久，知者頗多，受累非淺。來訪我者品類太雜，男女老少、新舊雅俗等等性質各別，其中又有軍人、政客、流氓、市儈、耶穌教徒、佛門居士、江湖方士、傳道先生、中西醫生、科學家、迷信家。而且同一迷信中，復有真迷信、假迷信、半迷信種種不同，令我窮於應付。此刻與人談佛專重念佛生西，人每不樂聞，訪我者遂逐漸減少。彼等所不樂，正我之所樂，是亦藏拙之一道也。

論及煩惱，人皆有之，惟發菩提心者可以減輕煩惱。如十分煩惱之人，若有一分菩提心，則煩惱止有九分；若有七分菩提心，則煩惱止有三分；若菩提心發得十分圓滿，則煩惱頓空，儼然成佛矣。煩惱與菩提，乃一物二面，一面多則一面少，故曰「煩惱即是菩提」。發菩提心者，不斷煩惱，而煩惱自斷；不發菩提心，而欲斷煩惱，無有是處。此乃我自己經驗所得之言，不是空談理論。

煩惱有粗有細，粗者乃人事上之煩惱，細者是工夫上之煩惱。尊意所謂煩惱，當指人事而言。須知吾當初投胎做人，就是預備來受苦，不是來享樂。若要享樂，何不往生極樂世界？其次，何不上生色界三禪？再次，何不投生欲界諸天，乃偏生於有苦無樂之人間？此皆夙世業障太重，一時難以解脫，只得安命而已。儒家所謂「命」，即佛家所謂「業」，若要改變，須用極大之道力與法力。道力就仙家說，法力就佛家說。若因循懈惰，終爲業力所牽，今生無辦法，來生更無辦法，愈轉愈下，亦大可懼。

尊函謂「不知何日克賦遂初」。晉孫綽作遂初賦，又作天台山賦，讀之令人意遠。後居官，與桓溫政見相左，溫怒曰「何不尋君遂初賦，而知家國大事耶」，然孫竟未及歸隱而歿於官。試思彼千載上作遂初賦者，尚不克遂初，吾輩談何容易！大抵皆寄託於空想耳。果能由空想而成爲事實，則其所處境界，雖非天上，已不似人間矣。此等福報非同小可。古今慧業文人，往往福報欠缺，因過去生中，止修慧而不修福之故。禪家者流喜唱高調，每輕蔑人天福報，既無力直取涅槃，又不求往生淨土，轉世皆有慧而無福。見解的確超過常人，而結習難除，則與常人無異，或反加甚。吾輩今日當痛矯此弊。現代多有禪淨雙修者，然禪不徹底，淨不勇猛，仍爲業力所轉。

隱遁方式，至不一律。昔者葛稚川隱於羅浮，賴地方官供給；陶弘景隱於茅山，有梁武帝護法；孫思邈隱於太白在陝西郿縣，藉醫術糊口；林和靖隱於孤山，售梅實自活；嚴子陵隱於富春，以耕釣爲生。他如君平垂簾、韓康賣藥、朱桃椎之織屨、許宣平之負薪，豈樂爲之？蓋不得已。若僅知謀道而不知謀食，將見「西山薇蕨吃精光，一陣夷齊下首陽」耳，何足以言隱遁乎？

弟之行止無定，隨緣度日而已。假使亡室尚在世間，此刻當已相偕入山，生活方式亦早有計劃。今則形單影弔，窒礙多端，以前計劃概不適用。自己無家，只有寄居人家或寺觀之一法。可去之地方雖多，可與言之人絕少。倘終日閉口結舌，恐他人不耐；若與衆敷衍酬對，時作違心之言，人則滿意，我又何爲？故有幾處已託辭不去，有幾處尚待實地試驗，方知能久住與否。身雖未死而欲學死，將來看何處容許我做活死人者，則往何處耳。

學佛有四步歷程，曰信、解、行、證。信爲第一步，解爲第二步，乃先信而後求解也。弟則先求解而後始肯信，解得徹底，於是信得亦徹底。此刻在第三步「行」字上面。愚觀一般文人學佛，僅得一個「解」字，雖未嘗不信，而其信不堅，尤其於「行」字未曾注重，惟將佛學作為哲學研究而已。平時不下工夫，命終時仍隨業力所流轉，尚不及彼齋公齋婆猶能帶業往生。

鄙志亦欲隱遁，其目的在實行做工夫，而非耽玩林泉之幽趣。但滬上仍多未了事，必俟結束清楚告一段落，方好離開。擬先往西湖訪湛翁，然後再隨緣赴他處。人生行止都是受外緣支配，自己不便强作主張，是則有身之累也。假使將來入山，當從斷絕煙火食做起。吃的問題解決，其餘皆易辦。此處當用仙家學術。

兄現在之地位不高不低，職務亦頗清閒，又不負重大責任，而且資格甚老，自己若不辭退，地位當可長保。若一朝歸隱，必須另講謀生之道。霞嶂煙巒，只可以賞心而不可以飽腹；松聲禽語，只可以悅耳而不可以充腸。昔梅福官南昌尉，棄官隱於會稽，變姓名為市門卒，仍不外乎生活問題，否則何必執此賤役？莊子之漆園吏，亦猶是也。王維送友人歸山，有「入雲中兮養雞，上山頭兮抱犢」之句，我輩既不會抱犢，又不慣養雞，將奈何！

記得二十年前兄有一句話：「人類根本是沒有辦法的。」此言至今日而益信。但是我們錯誤在先，今生已經做了人，不得不在無辦法中想辦法，其要訣就是一個「修」字。愚者聽其自然，不懂得修；智者徒唱高調，不屑於修：皆是誤而再誤。

人間是夢，三途是夢，生天生淨，未嘗不是夢。雖然同是一夢，究有苦樂之殊，昏明之異。與其做苦夢，不如做樂夢；與其做昏暗夢，不如做光明夢：其要訣仍是一個「修」字。父母愛子女，要勸其修；子女愛父母，要勸其修；人類互相愛，要勸其修。不修則無辦法矣。

載民國三十六年（一九四七年）五月一日覺有情第八卷第一七、一八期號（總數第一八五、一八六期）

慨慕人生佛教之導師並答客問

陳攖寧

近代佛教中高僧頗多，最負盛名者二人，曰印光大師，曰太虛大師。不但通國皆知，並且名揚海外，要皆數十年堅苦卓絕之精神有以致此，實非偶然。兩師在日，固是雙方互相推重，而其所以爲教者則大異。印師專弘淨土，責無旁貸；太虛大師則以革新佛教爲己任，目的在倡導人生佛教，就原有教義上，用綜合整理方法，以適應時機，有似乎馬丁路得之改革耶穌教，而手段則比較和平多矣。雖然，此等事業，談何容易。挺傑出之才，闢難行之道，荆天棘地，百折不回。新佛教體系，尚在萌芽，而導師已逝，吾人能不爲之長歎息耶？

不才平日與太虛大師極少親近之緣，惟景仰其人格偉大，思想超拔，學識淵博，器量寬宏，遇事尤能勇往直前，任勞任怨。即使離開佛教而言，亦不失爲普通做人的模範。

十年前，不才提倡神仙學術時，太虛大師於海潮音上曾有長篇文字，批評拙著仙學各書，不才頗能諒解其維護本教之苦心，初次不欲在刊物上顯然與之開辯論。但間接致函某君，託其轉達太虛大師，說明我的用意。彼此並未直接通函，事後亦無下文。

民國二十六年春季，忽有素不相識之某君來函云，擬由南京往滬西梅隴鄉間造訪敝廬。不才急覆函勸其勿來，並問其何由得知敝處地址。伊二次來函言：「曾隨委員長遊奉化雪竇寺，與太虛大師閒話，表示自己：『性雖好佛，亦喜學仙。佛教中像大師這樣人物，幸得常蒙開示，亦可以無憾。並且各處尚有許多佛門善知識，遇着機緣，不妨隨時參學。獨惜仙道人才缺乏，無從問津。外面道門雖多，皆不能令我滿意。吾師交遊甚廣，亦知專門仙學現今尚有人才否？』太虛大師說：『真正仙學人才，誠感覺寥落，但亦非絕無。』余問其人何在，師遂將尊處地名告我，因此得知」云云。

不才當日爲仙學奮鬬，本擬用全副精神，犧牲十載光陰，指摘佛教大藏經中所有一切矛盾及疵累，因感於太虛大師洪度雅量，無形中被其軟化，乃將已成之稿焚燬，未成各篇亦棄而不作，僅發表辨楞嚴經十種仙一篇，遂從此停止筆戰。震動一時的仙佛論辨，漸漸歸於煙消火滅。因此，佛教學理上遂少了一個敵人，足見太虛大師手段之高明。而其護持佛教，更具有異勝之方便，迥非其他固執成見、拒人於千里之外者所能及。

嘗觀人世間意氣之爭，至烈且酷，往往因小不忍弄到不可收拾之地步。假使雙方有太虛大師之度量，則化敵爲友，直易如反掌。蓋以事在人爲，原無絕對的是非可說。若必欲執著我見，排除異己，絲毫不能通融，天下遂從此多事矣！印光大師在民國十年以前經過上海，曾偕高鶴年老居士至舍間談論多時，所言皆各處風俗人情，及山中住茅蓬之狀況，但未言及佛法。因淨土宗重在行持，本無話可說也。太虛大師平日未嘗勸人往生西方，而且自己亦不專修某一宗，然其綜合整理舊佛教而積極建立新佛教之功，實不可沒。甚望其轉世再來，繼續完成其未竟之事業，方契合於大乘菩薩永劫利生之宏願耳。

太虛大師圓寂後，世人每以隔靴搔癢之言紛紛置議，且有就愚下問者。今略述數條，以見一斑。

甲問：「佛教宗旨，惟在依教修持，向不管國家大事。太虛大師平日主張佛教徒應參加政治，而彼個人行動，亦頗帶幾分政客氣味，是否違背佛教本旨？」

答曰：「君主時代可以如此說，民主時代則不然。凡是國民，皆有選舉權及被選舉權，僧侶既屬國民一份子，當然不能例外。即或自願放棄，亦爲時局所不許，此實無可奈何之事。即如佛教根本戒殺，而政府偏要徵和尚當兵，又將何說？」

乙問：「太虛大師在近代佛教中可謂首屈一指，臨終時何以不現瑞相？」

答曰：「世俗所謂臨終瑞相，多指往生西方一類人而言。太虛大師平素志願，非但不求生西，並且不要生天。今世願心未了，來世必定還在人間。以人身復轉人身，事極尋常，毫無奇特，有何瑞相可言？」

丙問：「若果如此，以太虛大師之資格，尚且不能跳出輪迴，其他資格不及大師者，豈非更無希望？」

答曰：「此不能一概而論，在乎各人所抱的志願如何。彼等視人間爲苦海者，去之惟恐不速，自不願再來人間；或有視人間爲樂園者，迷之惟恐不深，則又不願捨棄人間。像太虛大師那樣資格，决非以人間爲樂而貪戀人間，君等總可以相信得過。但我更能相信他决不畏人間是苦而逃避人間。幸勿以普通世俗心理妄加推測。尚有一層意思，應當明白。假使高明之士，個個都要離開世間，別尋樂土，留下無量數根基淺薄之庸流，長久在世間受苦，試問彼等已出輪迴者於心安否？還想爲無量受苦衆生再來一次否？與其他日重入輪迴，今日又何必急於跳出？」

丁問：「往昔所謂高僧者，都享高壽。太虛大師年齡不過六十，遽爾告終，深可惋惜。並聞伊在生時，身體亦不甚健康。是否修養工夫尚有未到處？」

答曰：「此一問，恰和彼一問相反對。彼方憂愁他不能出輪迴，此又惋惜他不能享高壽。須知，所謂高僧者有兩種：一種是在山林中參禪習定、修心養性之高僧，一種是在塵勞中著書立說、弘法護教之高僧。前者容易享高壽，後者常不免犧牲自己而利益他人，故難望遐齡。譯六百卷大般若經之玄奘大師，不過六十五歲；譯八十卷華嚴經之實叉難陀，不過五十九歲；　賢首宗圭峯大師，不過六十二歲；　法相宗窺基大師，不過五十一歲；　禪宗尊宿永嘉禪師，不過四十九歲；　著肇論之肇法師，不過三十一歲。彼等都是高僧中之佼佼者。學佛人士最重願力，壽命長短無甚關係。教主釋迦佛不過八十歲，而世間一百幾十歲之長壽翁，古今中外頗不乏人，其功德及於人羣者，比較釋迦佛優劣如何？假使一個人不發大悲度世之心，縱讓他活到一千歲，於人類社會有什麼利益？又如長年隱居山林之高僧，雖有享高壽者，亦是偶然的現象，而非必然的效果。因爲佛家無壽者相，仙家重長生術，兩家宗旨各別。世人仙佛混合，認識不清，儱侗批評，實嫌未當。再者，凡事不能兩全其美，人己不能同時並利。昔天台宗智者大師，因領眾故，降低了自己將來的果位，捨却『相似即』之十信位，僅證到『觀行即』之五品位，壽命亦不過六十歲一說六十七歲。今日太虛大師亦因弘教故，妨害了自己身體的健康，畢生精力用在除舊布新，那有工夫再去修養身體？古今真有同慨。

戊問：「太虛大師既不求生西方，是否決定上生兜率？」

答曰：「以大師的資格而論，當然可以生兜率天，但是他的志願並不在此。我想他還要轉世再來人間。阿難尊者云：『五濁惡世誓先入。』菩薩發心，應該如是。」

載民國三十六年（一九四七年）六月十九日覺有情，第八卷六月號（總第一八七、一八八期）「太虛大師紀念特刊」

覆某先生書

陳攖寧

前略。承教謂「三界火宅，宜取涅槃」，自是正論。惟涅槃境界須得善惡都莫思量，陳義太高，初機難入，故捨了義而取不了義。若就利生一方面說，證涅槃後，於有情世間不無咫尺天涯之隔，似與鄙願相違，故捨無爲而取有爲法。昔者五祖衣法傳盧能不傳神秀，黃檗談禪揚歸宗而抑牛頭，後人遂謂「『本來無一物』勝過『時時勤拂拭』，向上關捩子，牛頭猶未知」。愚則不作此解，只認爲彼此因緣不同，實無優劣之可言也。莊子見道處自謂超過老子，然實際上老子利人處多，莊子利人處少，世間可以無莊子，而不可以無老子。老子玄言，又非孔子所能及，然老子爲教則不若孔教之廣大。莊子可比祖師禪，老子可比如來禪，孔子則似淨土宗也。

或問：「既然如此，何不專弘淨土，橫出三界，自利利他？」須知弟平日是現外道身者，究與清一色之佛教徒有別，若改弦易轍，人將謂我無條件投降。四禪天本是佛教與外道共住之境，故不妨趣向耳。密教謂摩醯首羅天王乃大日如來之勝報，顯教謂色界天王皆十地菩薩之化身，而彌勒且住欲界天等候下生，往年淨土法門尚未普及時，佛教徒常有求生兜率天者。白居易詩云：「海山不是吾歸處，歸即應歸兜率天。」白初學仙，無所得，轉而學佛，故如是云爾。欲界既可去，色界更無妨矣。

今日全國佛教徒百分之九十以生西爲歸宿，最怕說昇天，其用意蓋避免貪求樂欲之嫌。弟不知西方極樂與天界之樂有何差別。若謂淨土無男女之欲，然色界又何嘗有此一事？若謂生西則壽命無量，三災所不能到，生天則福報有盡，仍不免墮落，況火災能壞初禪，水災能壞二禪，風災能壞三禪，若生淨土，則無諸患。此義弟未嘗不知，知而故犯，必另有說，暫不具論。

再者，今人所謂出三界者，皆指往生西方淨土一法而言；尊意所謂出三界者，當是指一法不立之禪宗而言。然永明壽禪師則於此二者顯分優劣，其言：「有禪無淨土，十人九蹉路；陰境若現前，瞥爾隨他去。無禪有淨土，萬修萬人去；但得見彌陀，何愁不開悟」。永明於向上一着，不能說他無見地，乃輕視本宗而讚美他宗若此，亦深可思也。（永明本是法眼宗再傳法嗣，而淨宗則奉爲第六祖。）後世淨宗所以盛，禪宗所以衰，大半受了這八句話的影響。弟十年前欲爲禪宗爭一口氣，對於永明之說，曾有不滿之表示，今已省前非矣。

三界固是識所變現，西方極樂又何嘗不是識所變現？同一唯識，自無所用其欣厭之情，只以外道立場，故寧捨淨土而趣色界耳。密教中金胎兩部各種曼荼羅作用，亦不離乎識，即華嚴、天台各種觀想法門，仍是識的作用，甚至於禪家機鋒語錄，也是從識中流出。人若無識，即不能開口說話，何況要辨別學人之是非？禪宗諸師只許官家放火，不許百姓點燈，雖可接引一二利根，此風已成過去，諸師若生今日，亦無所施其伎矣！

尊函謂淮南子「形神俱没」之說近於涅槃，然則賤名「攖寧」二字，亦可謂莊子之涅槃。當年取此名字，原認爲自己究竟歸宿處，但此是未來劫中事，目下尚不欲疾趣寂滅。佛教小乘阿那含果都是先趣色界，後入涅槃，其差別事相有九種之多見俱舍論中。吾國佛教推崇大乘，而輕視小乘，遂弄得有理可談，無果可證。而禪宗竟至聖諦亦不爲，成佛皆妄想，其流弊更甚。物極則反，於是乎淨土宗遂取而代之。信乎時節因素，非偶然也。後略。

附錄某先生原函

前略。三界無安，猶如火宅，實爲誠諦之言。來教以色界爲趣，弟頗未喻其指。三界俱是識所變現，夢幻空花，何勞把捉。妄意淮南俶真訓所謂形神俱没，或有近於涅槃境界，未知兄不斥爲斷見否？

攖寧謹按 衆生之病，都陷在「常」字一方面，「斷」字正是對症良藥，但恐其不能斷耳。

載民國三十六年（一九四七年）十月一日覺有情第八卷十月號總第一九五、一九六期合刊

與本刊編者書

陳攖寧

無我先生慧察：

承借馬君詩集，今特奉還。查集中贈陳攖寧詩，共六首：壬午三十八頁七絕二，乙酉十九頁七律一，丙戌十六頁七律一，丙戌十九頁七絕二。其贈他友諸作，姓名爲寧所知者頗多，惜皆風流雲散矣。

貴刊歷次所載之劉洙源君，在三十年前，寧亦相識。彼時伊學佛，我學仙，宗旨雖不同，然其人則一誠篤君子，愚亦佩之。疑其前生是高僧轉世，故今生結局仍還其本來面目。世人常謂蘇東坡前生爲五祖戒禪師（此事東坡自己亦承認之），易世退轉爲大文豪，隔陰之迷可懼。愚謂東坡雖喜用禪理入詩，然詩究竟有詩的格律與風度，不能處處求合於禪。若以禪家話頭偈語的眼光來作詩評，古今詩人皆叫屈矣。詩有以滑稽口氣達義者，即如「平生笑羅什」，非真不滿於羅什也；「一夜著無處」，非真是展轉不寐也；「意欲盡鑷去」，非真要將長鬚拔盡也。凡詩人之詩，皆當如此看法，不是專指東坡詩而言。至於東坡本身，是退轉或是進步，唯東坡自知之，他人紛紛批判，恐不合實際。豈必要東坡臨終亦似劉洙源君之復返老衲面目，方可謂不退轉乎？質之先生高明之見，以爲如何？

郭元興君，青年學佛，能有如此精密而確切的見地，足見根器非凡，其願力的宏深，尤值得景仰。但郭君把成佛一件事看得太易，愚則不敢贊同。伊謂「希望全世界人類，在五十年甚至三十年之內，人人可以成佛」，未免過於理想。此等事且不能以「劫」計，如何能以「年」計耶？雖說理想爲事實之母，然事實究非理想可比。一百年前馬克斯之理，到今日尚未能全部實現，仍有待於後來人之努力完成，其艱難如此！蓋有因必有果者，理想也，而因果不能同時，則事實也。渺小之地球，飄盪於娑婆世界海中，不啻一粟，尚無辦法，何況欲化整個娑婆爲淨土，更超過西方極樂萬萬倍乎！

佛經常云，佛的境界非菩薩所能知。愚則謂，菩薩的境界亦非佛所能知。何以故？因佛的慈心，總希望人人成佛，而菩薩的悲願則誓不成佛；佛認爲眾生皆有佛性，所以要度盡眾生，而菩薩則認爲眾生雖有佛性，但惜業障太重，所以眾生永無度盡之一日；佛與魔立於反對的地位，佛要度生，必須降魔，而菩薩與魔常混在一處，菩薩要度生，有時竟不惜示現魔身。即如華嚴經第六十八卷，婆須密多女告善財童子云：「若有眾生，暫執我手，則離貪慾，得菩薩遍往一切佛剎三昧；若有眾生，暫昇我座，則離貪欲，得菩薩解脱光明三昧六十卷華嚴本云：「若有眾生，共我宿者，得解脱光明三昧。」據此可知八十卷華嚴本所云「暫昇我座」，即是「暫上我床」之義；　若有眾生，抱持於我，則離貪欲，得菩薩一切眾生恒不捨離三昧；若有眾生，唼我脣吻（唼，音「閘」，即是今日所謂接吻），則離貪欲，得菩薩增長一切眾生福德藏三昧；　凡有眾生，親近於我，皆得住離貪際，入菩薩一切智地現前無礙解脫。」以上乃善財五十三參中第二十五位善知識也。　又如華嚴經入法界品第三十九之七，多羅幢城參無厭足王一段。　經云：「無量眾生，犯王法者，身被五縛，將詣王所，隨其所犯而治罰之。或斷手足，或截耳鼻，或挑其目，或斬其手，或剝其皮，或解其體，或以湯煮，或以火焚，或驅上高山推令墮落。　有如是等無量楚毒，發聲叫號，譬如眾合大地獄中。」以上乃善財五十三參中第十七位善知識也。　此等境界，決非佛所許可，佛自己亦決不肯爲，而菩薩則毅然示現，愚故謂菩薩境界非佛所能知。　但是話雖如此，亦等於東坡笑羅什耳。　設有作實法會者，又將爲東坡所竊笑矣。

此上，並候撰安。

弟陳攖寧　一九五一年二月廿五日

載一九五一年四月一日覺有情第十二卷第四期（二三四）

禪門大德管窺記

陳攖寧

當代佛教尊宿如虛雲大師，舉世皆知，何待不佞之謬讚？況彼等素日與虛公常親近者，所見所聞，必更詳悉。雖用拙筆盡力描寫，亦不能得其十分之一，寥寥短篇，更無足重輕。只以大師年來明夷艱貞，由粵而漢，由漢而京，早有傳說。最近應「祝願世界和平法會」之邀請，復由京至滬。本市居民急欲瞻仰壽者相，羣趨舊錫之玉佛超過計劃，肩摩踵接，幾於户限爲穿。不佞受本刊編輯人之囑，謹撰蕪詞，聊以酬答此一希有之因緣。特就愚見所及，略叙大師生平實踐如左。

（一）深入禪定。 民國初年，虛公蒞滬，不佞方識其人。彼時月霞法師適纂述維摩詰經講義，不佞任校對及整理稿件之役。偶閲經文「四禪爲床座」句，因與月師談論坐禪工夫。月師遂告我以虛雲禪師往年住終南茅蓬，一定多日，廢寢忘餐之事實。竊歎巉巖幽谷，積雪迷途，灶釜塵封，蒲團冰峭，誠如前代高僧詩云：「門無過客窗無紙，爐有寒灰席有霜。」此種境界，豈庸俗所能夢想得到？

（二）功成弗居。 虛公發願宏法，歷年以來，屢興古刹，如大理雞山祝聖寺，昆明西山雲棲寺，曹溪南華寺，乳源雲門寺，皆除舊布新，宗風丕振。當其事業未成，則竭蹶以赴，而不畏辛勤；及至功德圓滿，則去往他山，而絕少貪戀。其募緣修建，純以護持佛法着想，並未嘗一顧其私，較彼廟產獨佔，子孫相傳，爲後世詬病者，賢愚蓋有別矣。老子云：「生而不有，爲而不恃，功成而弗居。」殆亦類是乎？

(三)法不偏執。禪宗與淨土宗，皆屬佛法中之一門，本無勝劣可說。世間學人，或崇禪而黜淨，或揚淨而抑禪，已嫌偏執之弊。爲導師者，不事補偏救弊，反而推波助瀾，遂致多生荆棘。虛公有鑒於此，故凡開示後學，皆就其根性所近而利導之。往年上海某君在香港謁見虛公時，詢及用功法門於禪淨二者何擇，虛公告以「汝自審果能處煩惱而不亂，住禪定而不寂，則可以參禪；若未能做到，則當一心念佛」。以上數語，某君返滬，曾爲余言之。

(四)至誠感人。在繁華都市中弘法，其事較易；若行化於山野邊荒，則因難重重。講經論，明因果，給普通紳商界聽，容易博得多數人信仰；若要使貧苦無識之村農及梟悍不馴之魁桀皈依佛教，非慈惠足以贍其體，德望足以服其心者，每每遭彼輩之拒絕，甚則報之以嬉笑怒駡。虛公自己修證到何等地位，門外漢不敢妄測，但知歷年以來，滇邊、粵野、蠻族、苗疆受其感化者，輒盈千累萬，此種人與都市中紳商士女性質不同，最難化導。因此見虛公之不可及。

（五）謙卑自牧。易經云「謙謙君子，卑以自牧」，乃儒教之美德。佛教力戒貢高驕慢，亦同此義。虛公以如此年齡，在雲門寺時，尚不辭勞瘁，隨眾出坡；諸方錫杖所臨，亦不肯儼然受人恭敬禮拜；處世接物，一律平等，慈言溫語，滿座騰歡，而日用四威儀中仍不失其嚴肅；奉養色身，素極儉約，一切與大眾共之。凡此各節，皆難能而可貴者。

總而言之，虛公今日在佛門中所以克享大名者，自有其特出之點，實非倖致。世人徒驚羨其壽齡踰恒，而羣相稱道，亦淺之乎測高僧矣。不佞於民初識虛公一面，距今將屆四十年，其印象尚存腦海中。覺有情月刊社爲本刊徵文，自當踴躍隨喜，惟一念及紫柏、憨山二大師應化之往跡，不禁深悲於娑婆忍土行菩薩道，非如大力金剛具有銅筋鐵骨者，真不易言也。

一九五三年一月十六日覺有情月刊第十四卷第一期（二四五）

戊子年改訂本名山遊訪記讀者須知

陳攖寧

本書性質，與尋常遊記不同。余觀昔人遊記，每多有意爲文，而不注重寫實。縱有模範山川、刻畫景物者，亦徒供一時玩賞之情，於讀者未必有何裨益。本書力矯此弊，凡關於立身處世之格言，見性明心之開示，觸機流露，不厭其煩。而且足跡所到地方，對於民間疾苦，及水利、農墾、森林、種植等事，尤特别注意，不僅以遊記見長也。

昔賢遊記，散見文集之内，不過寥寥數篇。近代各家，雖有紀遊專書，只是偶然興會所到，忙裏偷閒，於少數名山，走馬看花，淺嘗輒止。歲月既嫌短促，遊蹤常多遺憾。古人雖有「五嶽歸來不看山」之語，其實域内名山，何止五嶽？即如皖之黄山、白岳、天柱、九華，浙之天目、天台、雁蕩、括蒼，蜀之峨嵋、青城，陜之終南、太白，晉之五臺，魯之勞山，贛之匡廬，鄂之武當，閩之武夷，粤之羅浮，滇之雞足，其中多有勝過五嶽者。讀本書一周，不啻身歷其境矣。

本書各篇，有年月日記載詳明者，亦有記載簡略或未記月日者。因遊記之作，與普通日記不同。日記乃按日而記，遊記大半是事後追憶而筆之於篇，日期偶或遺漏及錯誤，亦不足怪。改訂本凡遇路線、地名、里數、日期、膳宿處所等，皆細心校勘，以期無誤，蓋欲使後來學人繼高居士而起者，有所依據，不致迷途也。其有事隔多年，雖作者本人亦不能確實指定者，只得從略。

世人每以高居士比明末之徐霞客，余則以爲同而不同。徐之天性好遊，殫畢生精力，搜奇探險，有洞必鑽，逢巔必陟，胼胝竭蹶，艱苦備嘗，且時遇盜賊饑寒之患，後得足疾，不良於行，由滇省乘肩輿百五十日至鄂，由鄂乘船返里江陰人，竟以是終，壽五十六歲。遊蹤始於萬曆丁未，止於崇禎庚辰，前後共三十四年，光陰皆在遊中消逝，是僅以遊爲目的，別無作用，勞神傷財，身心皆不得實益。所堪流傳者，只一部遊記，尚殘缺不全，甚可惜也。高居士遊蹤亦遍域内，自光緒十六年起，至民國十三年止，前後共計三十五年，皆與名山結不解之緣。十四年乙丑，至今年己丑，又過廿五年矣，每年忙於救濟事業，無暇再引起芒鞋竹杖之閒情。但鄰近諸山，亦時有往還，惟不多作記耳。高居士平日並非以遊爲目的，而着重在參訪，住山苦修，歲月頗久，較徐之遊而不訪、過而不留者，作用大有分別。高今年七十有八，壽齡超過徐霞客廿歲以上，現仍居山中做苦修工夫。其遊蹤之廣，雖與霞客相伯仲，但志不在此，余故謂其同而不同。

佛教中有理論，有工夫，有戒律。理論重在研究，工夫重在苦幹，戒律重在謹守。理論大綱，不外乎性相空有，般若業力；　戒律大綱，不外乎貪嗔癡愛，殺盜淫妄；　工夫大綱，不外乎禪宗、淨土、真言、止觀，如行脚、打坐、參公案、看話頭，皆禪宗門下工夫。高居士已往數十年，只可說是行脚，不可說是遊山，讀此書者，幸勿作普通遊記看。

所謂行脚者，最着重在兩脚步行，無論程途如何遙遠，若非萬不得已，總要避免舟車。隨身衣物，極其簡單，旅費川資，亦不能多帶。路線、地名、里數及膳宿處所，須要記得清楚。本書除每篇目錄之下已標出重要山名而外，另有每篇提綱，說明由某處起脚，中間經過某處，最後至於某處。讀者先看標題，次看提綱，再看本文，則一目了然矣。

行脚的好處，一言難盡，不言又恐讀者不能了解，反多疑惑，今特簡略言之。佛教的人生觀，就是一個「苦」字。苦有兩種，曰「身苦」，曰「心苦」。身苦因爲體質不健康，心苦因爲心中多煩惱。設若常年行脚，遠都市而近山林，勞動筋骨，飽受陽光，呼吸新鮮空氣，多飲清潔泉水，斷絕一切葷腥肉食，只以蔬菜雜糧等類充饑，日長事久，雖不求健康，而自然健康，如是則身苦可以免矣。人在家庭中，每爲煩惱所苦，一旦離開家庭，則心境頓覺寬舒，何況數十年在外行脚之人，早已没有家庭，那裏再有煩惱？至於心中其他妄念，雖不能完全消滅，但以所接觸者皆是淨緣，而非邪緣，其勢不足以引起妄念，並且可以阻止妄念。工夫日深，則妄念日減。妄念既少，則心苦可以免矣。行脚的好處，大概如此。前人每有因行脚參訪而大徹大悟、了脱生死者，那是百尺竿頭再進一步的事，編首各家序文中已懇切言之，毋須再贅。

虛空無邊，星球無數，衆生無量。吾人以渺小之身軀，極短之壽命，託生於此多災多難之世界，受盡痛苦，究竟是什麽一回事？是誰做主叫我來的？父母未生我以前，我在何處？將來身死之後，我又往何處？假使說生前死後皆没有我，爲什麽中間一段忽然有我？再問現在所謂我者，是精神還是肉體？若説肉體是我，對於思想意志，如何解釋？若説精神是我，離開肉體而外，精神是否能够獨立存在？古今有許多人因爲這些問題弄不明白，所以跋山涉水，訪友尋師，雨宿風餐，忘情絕慮，要求一個徹底覺悟。世人如果心甘情願，受造化支配，一切聽其自然，那就無話可說。若有少數豪傑之士，於全世界人類無可奈何之中，定要打破悶葫蘆，跳出黑漆桶，别尋一條光明的大道，則高居士這本遊訪記，頗有一看的價值。

中華民國三十八年己丑歲孟夏月皖江陳攖寧寫於上海

載民國三十八年（一九四九年）上海國光印書局出版戊子年改訂本名山遊訪記

戊子年改訂本名山遊訪記篇目提綱

陳攖寧　校編

每篇目錄，凡起脚之處，概用「由」字；中途所過之處，概用「經」字；中途停留時期稍久，且有目的者，則用「往」字；最後所到之目的地，則用「至」字；凡遇路程不順者，概用「轉」字；凡是省界及重要地名，皆特別標出。雖爲目錄，實等於提綱。

第一篇　由南京，往皖南九華山、黄山，至浙省杭州諸山。清光緒十六年二月。

第二篇　由蘇北淮安，往山東省東嶽泰山、北京西山，至山西省五臺山。清光緒十七年春。

第三篇　由四川成都，往峨嵋山，西北行，經雅州，轉南行，經越嶲西昌、會理，入雲南界，過火燄山，渡金沙江，西行經大姚、賓川，至雞足山。清光緒十七年秋。全程共行二千八百三十三里，山上里數未算在内。成都到峨嵋山脚，四百廿八里；峨嵋縣到雅州，二百五十里；雅州到雲南界，一千三百七十五里；川、滇邊界到西雞足山脚，七百八十里。

第四篇　由昆明東行，過勝境關，入貴州界，往貴陽黔靈山。再經廣西桂林，入湖南界，經永州府，至南嶽衡山。清光緒十七年。全程共行一千九百七十四里。貴陽到桂林一段路程，篇中未載。山上里數亦未詳。昆明到滇、黔交界勝境關，四百九十三里；勝境關至黔靈山，七百五十里；桂林到衡山迴雁峯，六百五十三里；衡陽縣城到南嶽街，七十八里。

第五篇　由蘇北淮安，經揚州、鎮江，往金山、焦山、寶華山，至大茅山。清光緒十八年正、二、三月。

第六篇　由江蘇句容縣大茅山，經磬山、張公洞，沿太湖西岸，入浙省界，經長興縣，往四洲山、觀音山，至杭州諸山。清光緒十八年三、四月。

第七篇　由杭州，渡錢塘江，經山陰蘭亭、天台赤城，往雁蕩山。再經永嘉縣華蓋山、麗水縣南明山，過仙霞嶺，至閩北武夷山。清光緒十八年。

第八篇　由江西省九江縣廬山，往南昌西山。轉建昌雲居山。北行入湖北界，往鄂東蘄春四祖山，至黃梅五祖山。清光緒十九年二、三月。

第九篇　由浙省湖州道場山，往觀音山。西行經皖南廣德、宣城、南陵、青陽，往九華山。出山東南行，經黟縣，往齊雲山，至黃山。住山中二百日。出山經湯口，過昱嶺關，入浙省界，經昌化縣，至東西天目山。清光緒二十年三月至十一月。

第十篇　由浙省杭州，渡錢塘江，經山陰道上，過關嶺，經天台、黃巖，至雁蕩山，原路返至天台山。清光緒廿一年三、四月，住天台時間頗久。

第十一篇　由浙省杭州，渡錢塘江、曹娥江，經寧波、鎮海、定海，往普陀山。返寧波，轉往育王寺、天童山。再經寧波、奉化、寧海，至天台山。清光緒廿四年正、二、三月。

第十二篇　由陝省終南山，經長安，西行往郿縣太白山。經棧道入川省，至成都。清光緒廿五年七、八月。全程共行二千六百餘里，時間兩月之久。途中經過古今重要地名如下：長安、咸陽古渡、五陵原周、秦、漢君臣陵墓甚多、高陽原秦始皇造阿房宮處、馬嵬坡楊貴妃死處、五丈原諸葛孔明死處、渭水河姜太公釣魚處、連雲棧張良用計，火燒連雲棧，即此、大散關古兵家要塞、陳倉古道古語「明修棧道，暗渡陳倉」，即此、紫柏山、鐵索橋漢蕭何追韓信處、雞頭關、黃沙驛孔明造木牛流馬處、南棧道、五丁關五丁力士開山處、寧羌州、界牌關、西秦第一關陝、蜀二省交界、千佛巖、葭萌關、西蜀第一關即劍門關、武連驛、梓童縣、綿陽縣、德陽縣、廣漢縣、新都縣、成都。太白山爲國内最高之山，超出海平線一萬二千尺，山頂積雪，亘古不化，所有名山，如五嶽、峨嵋、雞足、五臺、武當、匡廬、黃山、九華、天目、天台、雁蕩、括蒼，皆不能比肩。

第十三篇　由成都，水路經彭山、眉州、夾江、樂山、峨嵋諸縣，至峨嵋山。清光緒廿五年九月。

第十四篇　金陵、京口諸山遊訪畢，遂至滬。清光緒廿九年春季。

第十五篇　由上海至北京西山。清光緒廿九年四月。船行至天津，車行至北京。

第十六篇　由北京，經保定、阜平，出龍泉關，至山西省五臺山。清光緒廿九年五、六月。

第十七篇　由山西省五臺山，西南行，經太原、平陽、運城，至蒲州永濟縣。清光緒廿九年六、七月。全程一千四百五十里，共行二十三日。

第十八篇　由永濟縣，過黃河，入陝省同州。轉北行，經韓城縣，往龍門山。返同州，西行渡洛河，經蒲城縣，往藥王山。經耀州、東西乳山，往大香山。轉南行，經三原縣，渡渭水河，至長安。清光緒二十九年七、八月。全程一千餘里，途中共行十六日，經過重要地名古跡如下：　龍門山夏禹王治水鑿龍門處、藥王山唐孫思邈真人隱居修道處、涇河渭河二水濁清不同，古有「不分涇渭」之語，即此、杜曲鎮唐詩人杜甫故鄉，在少陵之側，杜甫自稱「杜陵布衣」「少陵野老」，因此。

第十九篇　由陝省長安，至終南山經冬。清光緒廿九年八月至次年二月。

第二十篇　由終南山至長安。清光緒三十年二、三月間。

第廿一篇　由長安至西嶽華山。清光緒三十年三月。途中經過古跡如下：　灞橋人工所造石橋，歷代著名。古人送別至此橋，折柳爲贈、華清池唐楊貴妃賜浴處，有温泉、新豐漢高祖、楚霸王鴻門宴處、玉泉院宋陳希夷先生隱居處。

第廿二篇　由長安，東南行，經藍關，往湘子洞。再經武關、紫荊關，渡漢江，至鄂北均州武當山。清光緒三十年三、四月。全程一千餘里，時間十八日。途中經過重要地名古跡如下：輞川唐詩家南派書祖王維隱居處，風景幽勝、秦嶺、藍關古道唐韓昌黎詩集中有詩云「雲橫秦嶺家何在，雪擁藍關馬不前」，即此處、藍橋唐裴航遇女仙樊雲英處、商州宋數學大家邵康節先生故里、湘子洞韓文公遇韓湘子處、武當山張三丰真人修道處，內家拳術三丰派發源處。

第廿三篇　由江蘇省鎮江圌山，經無錫惠泉山、鼋頭渚，至蘇州虎邱、天平、靈巖、穹窿、鄧尉、洞庭諸山。清光緒三十三年三、四月。

第廿四篇　由蘇北海州，往雲台山。轉西行，經邳縣、徐州，入河南界，經商邱、開封、鄭州，至中嶽嵩山，並至少林寺。再西行，至洛陽縣。清光緒三十三年三、四月。全程一千八九百里左右，時間三十六日。少林寺，達磨祖師面壁處，外家拳術少林派發源處。

第廿五篇　由上海船行至普陀山。民國前二年八月。普陀山在中國東海，即舟山羣島之一，俗誤稱「南海」。

第廿六篇　由上海船行往九江，至廬山度夏。民國元年五月中旬至七月上旬。水程一千數百里，出吳淞口，進揚子江，逆流而上。沿途重要地名如下：蘇省之江陰、鎮江、南京，皖省之蕪湖、大通、安慶，到贛省之九江縣。江陰有要塞，鎮江有金山、焦山佛教名勝之地，蕪湖下游有采石磯唐詩人李太白酒醉捉月墮江處及東西梁山要塞，九江下游有小孤山獨立江心，形勢奇特，儼如海島及彭澤縣城城在江邊山上，極小可笑，晉陶淵明爲澎澤令，不肯爲五斗米折腰，遂罷官作歸去來辭處。

第廿七篇　由九江船行往武漢。轉京漢鐵路北上，往河北省定州。轉西行，經曲陽、阜平，過龍泉關，入山西界，至五臺山。仍返定州。民國元年七月中旬至八月上旬。定州至五臺山，約三百餘里，共行五日。

第廿八篇　由河北省定州，南下抵漢口。改船行，過洞庭湖，經長沙，至湘潭縣。民國元年八月中旬。

第廿九篇　由湖南湘潭縣，經衡山縣，至南嶽衡山。民國元年八月下旬。

第三十篇　由衡山，往長沙嶽麓山。經岳陽，至漢口，轉滬。民國元年九月。

第三十一篇　由北京往房山縣上方山。轉至涿州西域山、小西天。民國三年三月。

第三十二篇　北京遊訪畢，由京綏鐵路北行，出居庸關，過八達嶺，抵察省張家口。轉車西行，入山西界，經天鎮縣，至大同。遊訪畢，南行渡桑乾河，經渾源縣，至北嶽恒山。民國三年四月中旬至五月中旬。此行在恒山飛石窟内獨住十五日。

第三十三篇　由渾源西行，經應縣，入雁門關，至五臺山度夏。民國三年五月中旬至七月下旬。

第三十四篇　由五臺下山，西南行，經山西省忻州、太原、介休、靈石、霍州、洪洞、平陽、解州、蒲州，過黄河風陵渡，入陝界，經潼關，往西嶽華山。西行經渭南、臨潼，過灞橋，抵長安，至終南山久住。民國三年七月下旬至民國六年十月。

第三十五篇 由長安東行，過潼關，入河南界，過函谷關，經陝州，抵觀音堂。乘潼洛車東行到鄭州。轉車北上，至保定、天津等處勘災畢。由津浦鐵路南下，至寧，轉滬。往普陀返滬。復由海道至津、京放賑畢，回南。仍返終南山，轉至紫柏山。民國六年十月至民國七年夏季。

第三十六篇 往陝西鳳縣紫柏山洞中數月，出山，北行，往甘肅平涼縣崆峒山。再西行往蘭州。轉東南行，穿陝入鄂，往均州武當山。回均州，渡漢江，東北行，經南陽臥龍崗，至中嶽嵩山。民國七年秋季至十月。全程約計五千里左右，途中日期未詳，所經過地名如下：陝省鳳縣、連雲棧北口、寶雞縣、鳳翔縣，甘肅省平涼縣、華亭縣、隆德縣、安定縣、皋蘭縣、小康、內官、蘆張、洮州、隴西縣、寧遠縣、禮縣、西和縣，陝省略陽縣、沔縣、南鄭縣、城固縣、洋縣、石泉縣、紫陽縣、安康縣、洵陽縣，鄂省鄖縣、均州，河南省南陽縣、魯山縣、寶豐縣、郟縣。崆峒山，在甘肅一省有三處，皆非黃帝問道於廣成子之山，據研究地理者言，真崆峒山在河南省臨汝縣，距嵩山甚近，惜高居士未曾一訪；祁山，在甘省西和縣，世傳諸葛孔明六出祁山即此；定軍山，在陝省沔縣，諸葛孔明墓在此；臥龍崗，在河南省南陽縣，三國時孔明隱居處。

第三十七篇 由蘇北淮安北行，至雲台山，及沿海諸島。民國七年十一月。雲台山，一名鬱林山，在江蘇省灌雲縣東北海邊，昔本海島，今已與陸地相連。古書中所謂鬱洲、郁洲、郁山，皆此一山。隴海鐵路終點，距此頗近。

第三十八篇 由雲台山海濱北行，過臨洪口，經贛榆縣，入山東省界，搭船往青島，轉至勞山。民國七年陰曆十一月至陰曆十二月中旬。

第三十九篇 由勞山返青島，經膠濟鐵路西行，往濟南，轉車南下，抵泰安縣，至東嶽泰山，並曲阜孔林。民國八年一月至二月，即戊午年十二月至己未年正月。

第四十篇 由上海船行抵漢口，轉湖南長沙，至株州、醴陵等處放賑。順禮南嶽。回滬，轉南京，往九華山。民國八年陰曆二月至五月。

第四十一篇 由皖省大通鎮，至青陽縣九華山。民國八年陰曆六月初至閏七月底。民俗相傳，閏七月三十日，方是地藏菩薩真生日。閏七月已難逢，而閏七月未必就是月大，故閏七月三十日，尤爲難逢。此歲恰值七月大，因此九華山香客、遊客，遂盛極一時。

第四十二篇 廣州遊訪畢，由廣三鐵路西行，經三水縣，至高要縣鼎湖山。民國八年陰曆九、十月。此鼎湖山，非黃帝鑄鼎處。原名「頂湖山」，後人遂誤稱「鼎湖山」，音同字不同。

第四十三篇 由廣州北行，經韶關，至曹溪。民國九年陰曆正月。曹溪爲唐高宗時佛教禪宗六祖發祥之地，今南華寺内尚有六祖肉身在。

第四十四篇　由香港船行過瓊州海峽，往海防。轉車行，經河口，入雲南界，直達昆明。順遊西山諸名勝，遂往武定獅子山。返安寧，轉西行，往大理，至雞足山。民國九年。自昆明碧雞關，至雞足山，約行一千四百餘里，時間廿二日。途中經過重要地名古跡如下：獅子山明太祖之孫建文帝，在位四年，被燕王所逐，逃至此處，出家爲僧、富民縣、武定縣、安寧縣、祿豐縣、廣通縣、楚雄縣、高頂山志書載，楚雄縣鳴鳳山雲泉寺，泉水甘美異常，爲南方第一，即本記中高頂山雲泉寺是、鎮南縣、白崖三國時諸葛孔明七擒孟獲，在此處立鐵柱紀功、趙州、大理縣、點蒼山雲南大理石，產於此山。山最高，在海平線一萬二千尺以上，可比陝省郿縣之太白頂，雞足山高不及此、洱海古名「昆明池」，滇池亦名「昆明池」，但滇池稍大。

第四十五篇　由香港，經廣九鐵路石龍鎮，轉往九子潭，至羅浮山。返香港，至沌門杯渡山，閉關靜修百日，出關後遊大嶼山，並往澳門。復由港乘輪往滬，轉至寧波。民國十年陰曆九月至次年春季。

第四十六篇　由浙省海門，經黃巖、臨海，至天台山。民國十一年陰曆五月中旬至七月中旬。

第四十七篇　由天台返海門，經大溪鎮、大荊鎮，至雁蕩山。民國十一年陰曆七月下旬。

第四十八篇　由安徽九華山南行，經皖南石埭縣、太平縣境，至黃山。出山經青陽縣、大通鎮、和悅洲，至鎮江金山。民國十二年陰曆五月下旬至七月上旬。

第四十九篇　由江西省九江縣，經南潯鐵路，往建昌縣，至雲居山。返九江，轉至廬山度夏。民國十三年陰曆五、六月。

第五十篇　由上海船行，抵廣東汕頭，轉車行，經潮汕鐵路，至潮州韓山。復回汕頭，往香港，至杯渡山。民國十四年一月。

第五十一篇　由浙西山中，經杭州花塢、西湖，至蘇州太湖濱、穹窿山、香山度夏。後往靈巖山，轉至揚州高旻寺，仍返蘇州穹窿山。民國三十六年春至三十七年夏。

第五十二篇　由蘇州胥門，往堯峯山。回城，轉往鎮江金山寺，慰問火災。仍返穹窿山楞嚴臺度夏。民國三十七年。

第五十三篇　由蘇州閶門，往上方山、天池山、小華山，仍返穹窿山大覺茅蓬。民國三十七年。

載民國三十八年（一九四九年）上海國光印書局出版戊子年改訂本名山遊訪記